突然ですが
片づけられない部屋を
そのまま放っておいて
いませんか？

——こんな〝あるある〟当てはまりませんか？

あるある 1

子どもがいると、
片づけるのが後回しになってしまう

あるある 2

特売で買いすぎた日用品をしまう場所がもはやない

あるある 3

使いたいときに限って
欲しいものの居所がわからない

探し物にロスタイムとられがち…

あるある 4

誰にも見せられない
ぐちゃぐちゃの開かずの間がある

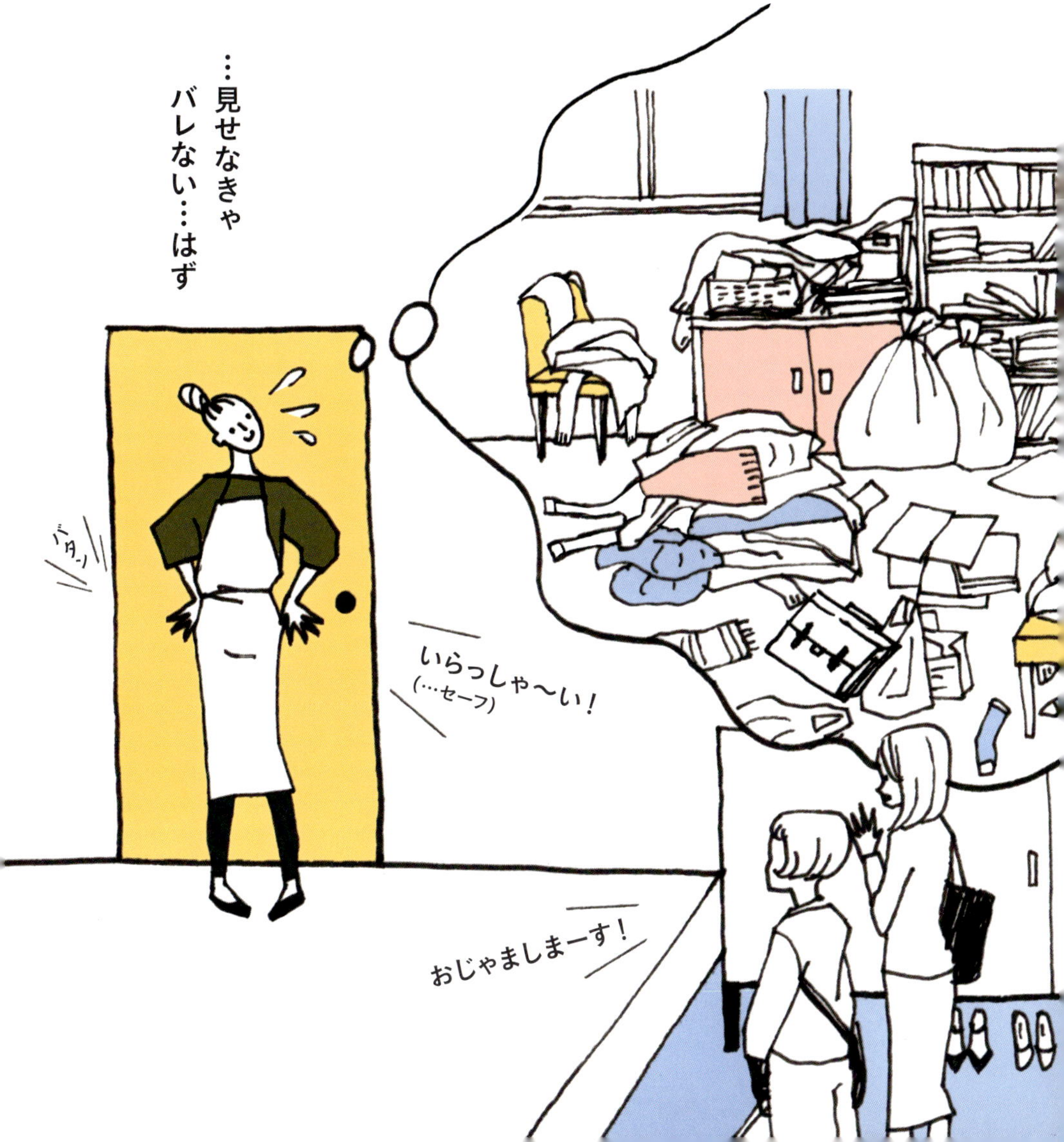

そんな片づけられない人のために
〝お片づけのメソッド〟
お教えします。

じつはお片づけは
仕組みさえ作れば忙しい人でも
自動的にできちゃうんです。

自動的に部屋が片づく忙しい人専用収納プログラム

整理収納アドバイザー
七尾亜紀子

KADOKAWA

はじめに

我が家は、元々いわゆる「汚部屋《おべや》」でした。

子どももまだ小さく、夫婦ともに忙しかったことを言い訳に、家の中は散らかり放題。また、職場では管理職でしたが、ママとしてはまったくの新人だったので、育児と家事がいつも後手後手に。特に部屋の片づけでは、しまう場所も考えずにどんどんモノを増やし、気がつけば収納はパンパン、一部屋は「開かずの間」になる始末でした。

思い返せば、子どもの頃から片づけが超苦手だった私。そんな私が「脱・汚部屋」を実現できたのは、「片づけも仕事も、目標を達成するための考え方は同じ」ということに気づいたから。

前職では15年に渡り、主に営業に関わる仕事で「目標（売上）達成」をするためにはどうしたらいいかを必死に考えてきました。仕事では簡単に「達成できませんでした」と言うわけにはいきません。仕事で培った目標達成のメソッドを片づけに応用した結果、驚くほど理想の部屋を手に入れることができました。それによって今では「整理収納アドバイザー」として片づけを仕事にするまでになりました。

片づけを成功させるには「片づける」ということを、より具体的に頭の中ではっきりとイメージすることが大切。それにはちょっとしたコツがあります。

本書で紹介している方法をご自身の生活に合わせて応用していただけたら、長年片づかない部屋に悩んでいる方も、今度こそ必ず理想の部屋を手に入れることができるはずです。

片づけがあなたの人生を変えるきっかけとなることを、心より願っています。

目次

Chapter 3
自分なりの収納プログラムを始めよう！

お片づけTODOリスト 実践編

STAFF
AD 三木俊一
デザイン 守屋 圭（文京図案室）
撮影 須藤明子
イラスト すやまゆうか
編集 宮本香菜
校正 文字工房燦光

Room Data ルームデータ

住居形態：マンション（持ち家）

築年数：10年

広さ：69.8m^2

間取り：3LDK

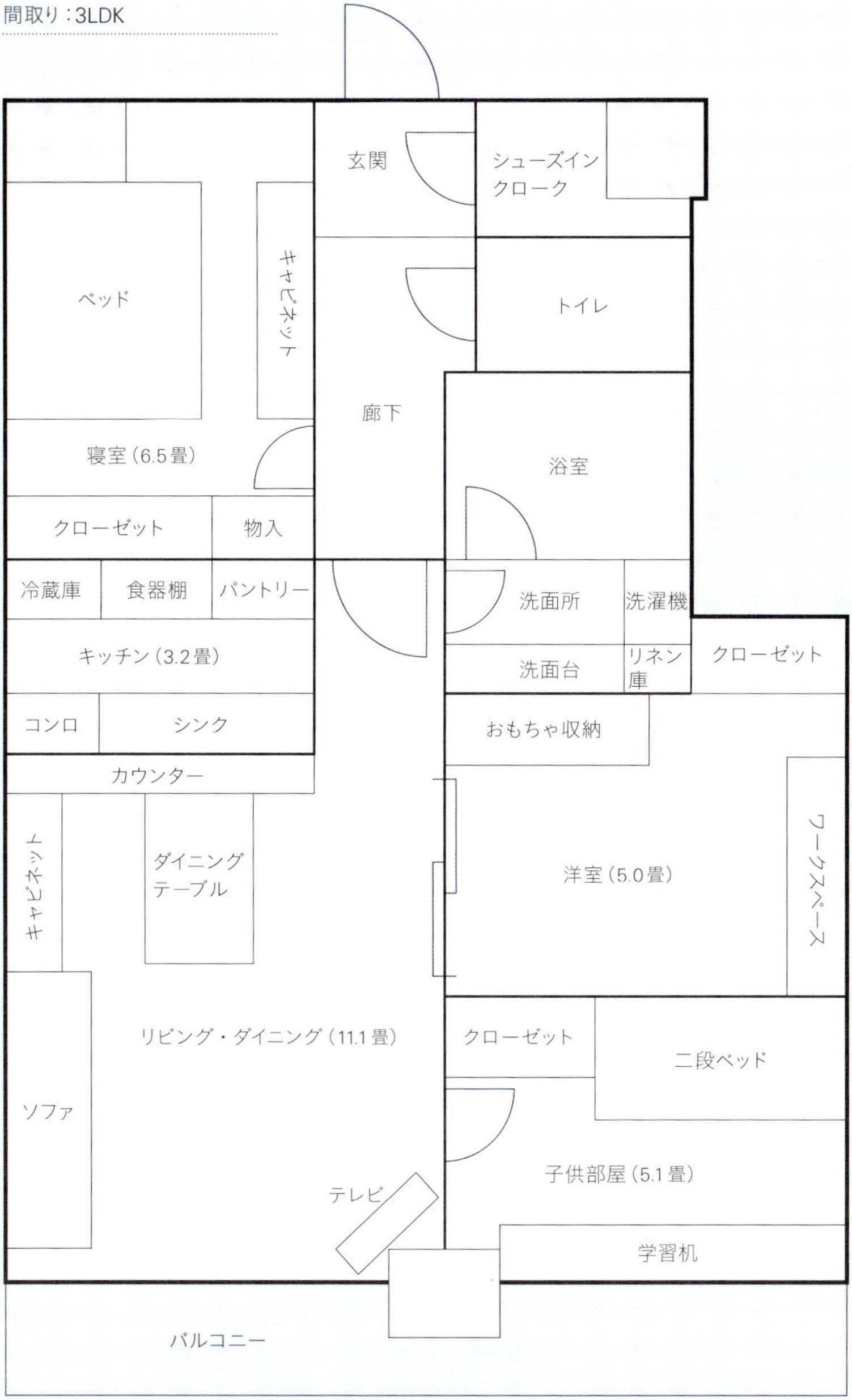

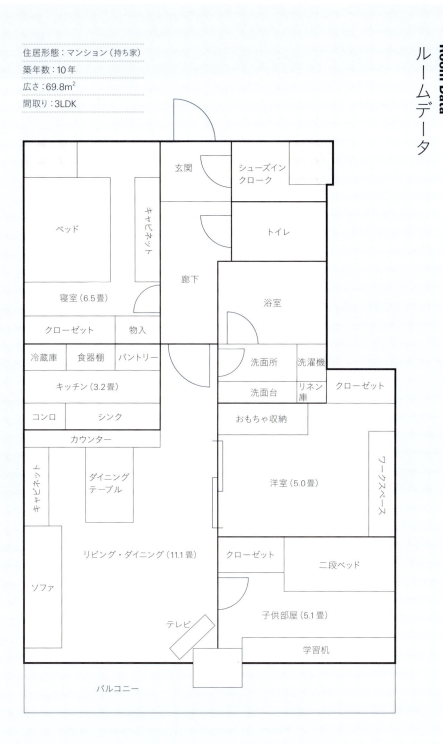

Chapter 1

汚部屋からこんなに変わった！

劇的すぎる
Before→After

過去、私は
〝片づけられない女〟でした。
育児や家事に追われる中
いわゆる汚部屋で過ごした経験から、
「片づけよう」と一念発起。
開かずの間だった寝室や
外からいろんなモノが入ってくるリビングも、
あせらずに一つひとつ
小さなスペースから片づけていきました。
Chapter 1でご紹介するBefore→Afterが
みなさんのお片づけのアクションに
少しでもつながったら幸いです。

収納プログラム

- ☐ 使用用途を明確にして「いる・いらない」にわける
- ☐ 溜め込んでいるものは思い切って処分する
- ☐ 「使いやすさ」を重視した収納を心がける

実録 汚部屋脱出記

スイッチが入れば 1人でも達成できる

　私自身、元々片づけがあまり好きではなく、子ども時代は部屋を散らかしてよく親から怒られていました。大人になっても片づけ嫌いは変わらず、会社のデスクもお世辞にも片づいているとは言えない状態。それでも困ることもなく生きてきました。

　結婚し、新築の3LDKのマンションへ入居。最初は夫婦2人暮らしだったのでスペースに余裕があり、収納も適当に突っ込んで散らかし放題！　夫もモノを捨てられない性格で、一部屋は完全にモノで溢れた「開かずの間」。絶対に人には見せられない悲惨な状態でした。

　しばらくは仕事や育児の忙しさもあって見て見ぬふりを続け

ていましたが、次男の産休に入った直後、「男子2人の育児にてんやわんやになる前に片づけるなら今しかない！」と一念発起。次男が生まれるまでの間、必死で片づけました。

そして足の踏み場もなかった部屋がキレイになったのを見て「生まれながらの片づけ嫌いの私でもやればできる！」と、これまで感じたことのない達成感でいっぱいに。そこからは完全に片づけのとりこになり、ついに整理収納アドバイザーにまでなってしまいました。私自身が一番驚いています。

次のページから始まる、私の汚部屋からの劇的変化をご覧いただき、本書で伝えたい「やれば必ず結果が出る」収納プログラムを実践していただきたいと思います。

我が家の劇的Before→After こんなに変わった！！ Best 5

第1位 寝室 (p.18)

第2位 子ども部屋 (p.22)

第3位 リビング (p.26)

第4位 キッチン (p.28)

第5位 ワークスペース (p.30)

番外編 収納庫・トイレ・洗面所 (p.32)

第1位

Bed Room

寝室

10日間かけて決着！汚部屋脱出大作戦

我が家の片づけの劇的変化のナンバーワンは、なんといっても寝室！　このBefore写真はブログに載せるたびに大反響。「こんなにキレイになるなんて！」と驚きのコメントをたくさんいただきました。

じつは山積みになっているモノのほとんどは、夫が保管していた思い出のモノばかり。「そろそろ片づけて！」と言い続けていたのですが、片づけ始めては思い出のモノを見つけてしまい、結局まったく進まないとい

「開かずの間」から くつろげる寝室へ

汚部屋ポイント

モノが山積みで
足の踏み場もない状態

うことの繰り返し。もはや、引っ越し当初よりも汚い状態にまでなってしまいました。

「これはもう夫では無理」と判断し、産休中に10日くらいかけて毎日片づけました。片づける順序を考える余裕はないので、とにかく部屋の手前のものから順番に選別。大昔の年賀状やレシート、新入社員の時の研修資料、渡しそびれた誰かの結婚式の焼き増し写真など続々出てくる謎のモノたちは全捨て。住所が書いてあるものなどをシュレッダーにかけていたら、量が多すぎて途中で壊れるほど。

「こんなの要るかー!」と怒りながら片づけた結果、ゴミ袋の量は20袋くらいに! あの汚部屋がたった10日でこんなに変わる! この達成感といったら、想像以上のものでした。

After
ここをチェンジ!
昔の書類関係は基本全捨て。
写真は本人がよく撮れている
ものだけアルバムに。
その他はネガ含めすべて処分

第1位

Bed Room

寝室

命の危険すら感じる本棚を整然と収納

汚部屋ポイント

本棚には横積みで突っ込んだ本、床置きも当たり前のぐちゃぐちゃ状態

ここをチェンジ！

電子書籍にない本だけを残して約半分の量に。文庫サイズの本は本棚ではなく引き出しに収納

着ない服で埋まったクローゼットを一新！

汚部屋ポイント

何がどこにあるか把握できていないため、同じような服や靴下が大量に発生

ここをチェンジ！

着なくなった服を徹底処分。必ず着る一軍の服だけをハンガーにかけ、ベルトもベルトハンガーで吊るして収納

夫が溜め込んでいた本と服を大量処理！

夫に「読んでいない本は処分して！」と言い続けたものの状況は変化なし。ある日「電子書籍で買える本なら売ってもいい」と言ったのを聞き逃さず、すべての本をネットで検索。エクセルで電子書籍化されているか一覧化し、文句を言わせない状態を作って大量に売却。でも、その後、電子書籍で買い戻した本はほとんどなかったようです。

　夫は服好きではないもののクローゼットにはマラソン大会などの記念Tシャツが大量に！靴下も同じような色・柄のモノが20～30足出てきたため、キレイなものだけに絞って10足に。寝室全体のモノはかつての4割にまで減らすことができました。

第2位

Kid's Room
子ども部屋

おもちゃが散乱する カオスな状態から 北欧風の 子ども部屋へ

汚部屋ポイント

部屋中におもちゃが
散らかっていて
掃除機もかけられない

おもちゃの量を見直すことから

子ども部屋はご覧の通りおもちゃが部屋を埋め尽くし、まさ

After

ここをチェンジ！

子どもたちの2段ベッドを設置。おもちゃはよく遊んでいるリビング横へおもちゃラックごと移動。部屋の役割を明確に

に足の踏み場もないカオスな状態でした。

長男が小さいときは、1人目の子どもということもあって収納場所も考えずにどんどんかさばるおもちゃを買い与えてしまい、さらに毎月のように子ども向けの通信講座の教材なども加わって完全に収納スペースがパンク。

なんとかそれを収めようと大きめの収納ケースを買ってみたものの、逆に子どもが自分の遊びたいおもちゃを探し出すためにいちいち中身を全部ひっくり返してしまうことに…。当時は、子どもがおもちゃで遊ぶたびに片づけが憂鬱でした。

そんな状態から脱出するために、よく遊ぶおもちゃだけ残し、ボックス1つに1カテゴリーで収納し直しました。

第**2**位

Kid's Room
子ども部屋

部屋の役割を見直し、ごちゃつき地獄を脱出

我が家のおもちゃ収納はオープン式ラック。絵本の前におもちゃが置いてあったり、いただきもののぬいぐるみや遊園地で買ったポップコーンバケットが必要以上に棚を陣取っていたりと、目がちかちかするほどでした。

　そこでおもちゃ収納に使う収納ボックスは木の箱、水色のふた付きボックスのみと決め、よく遊ぶ一軍おもちゃのみを収納。色の洪水を抑えました。

　また、以前は紙袋やエコバッグのストックや裁縫用の生地な

汚部屋ポイント

おもちゃラックは
色の洪水で見た目にも
片づけにくい！

子ども部屋は勉強・寝る・身支度のみの空間に

ここをチェンジ！

よく遊ぶ一軍おもちゃは
ワークスペースのラックへ。
ベッド下収納に、
あまり遊んでいないけれど、
すぐには捨てられない
二軍おもちゃを収納。
滑車をつけた箱に収納すれば
取り出しやすい

ど、大人のモノまで子ども部屋のクローゼットに置いていましたが、子どもに不要なものはすべて移動。さらに引き出し収納からボックス収納に変えて子どもでも服を出し入れしやすいように改善しました。このおかげで、子どもたち自ら身支度をするようになり、衣替えもカゴを前後入れ替えるだけ。子ども部屋の役割を「勉強・寝る・身支度」だけの空間としたことで子どもたち自身も使いやすく過ごしやすくなったようです。

汚部屋ポイント

子どものクローゼットに大人のものまで置いてある！

紙袋や引きだしに
モノを詰め込んだ
クローゼットが
大変身

ここをチェンジ！

その部屋を使う人と目的以外のものは置かないように。また子どもたちが取り出しやすいカゴ収納で統一

第3位

Living Room
リビング

収納量のあるチェストを購入し改善

〝地べた生活出身者〟がたどり着いたリビング

私と夫は実家ではこたつがある「地べた生活」をしていたので、引っ越し当初は床にモノが

汚部屋ポイント
いつもごちゃごちゃで生活感たっぷり

ここをチェンジ！
リビング収納用に購入したチェストの引き出しに、ボックスで仕分けてモノを収納。ダイニングテーブルにはモノを置かないように

置かれているのが当たり前でした。ですが、長男誕生後は床置きのモノを長男の手が届かない場所に退避させざるを得ない状況に…。その結果、テーブルやキャビネットの上は常にモノが積まれていました。

また、郵便物などもレターラックに突っ込んでいて、入り切らなくなって収納ボックスを買い足したりもしましたが、結局それもあっという間にパンパンになり、大事な郵便物はいつも行方不明。

そんな状態を改善するため、まずはシンプルな無印良品のチェストを購入。中の収納も見直し、テーブルなどに出しっぱなしのモノがない状態に。郵便物なども収納前に分類する仕組みを作り、レターラックも手放すことにしました。

汚部屋ポイント

欲しいときに欲しいモノが
見つからなかった

ここをチェンジ！

大事な書類や郵便物は人別に収納。すぐに取り出せるように

汚部屋ポイント

とりあえず隙間を
見つけると書類や本を
横向きにして突っ込んでいた

ここをチェンジ！

ラベリングしたファイルなどを
ファイルボックスにすべて立てて収納

第4位

Kitchen

キッチン

ここをチェンジ！

お気に入りの鍋やキッチンツールは厳選してあえて飾り、モチベーションアップ

汚部屋ポイント

いろんな収納テクを試したもののかえってゴチャゴチャに見えていた

残念な「頑張ってる感」を使いやすい収納に改善！

むやみに収納グッズを使っていたモノの多いキッチン

当時は色々な形や色の収納グッズを使って、なんとかおしゃれに見せようと頑張っていたキッチン。しかし、かえってその「頑張ってる感」が仇となり、チグハグな印象を生んでしまったり、飾りすぎでごちゃっと見えてしまったりする原因に。

そこで、まずはモノを減らしてよく使うものだけを取り出しやすい場所に収納することから始めました。さらに壁面や冷蔵庫のドアにべたべた飾っていた雑貨も最低限のモノに厳選。動線を見直し、よく使うザル・ボウルはコンロ下からシンク下に移動するなど使いやすい収納を徹底しました。

ここをチェンジ！

幅が伸縮するラックに
買い換えてスッキリ。
保存容器は重ねて
取り出しやすく。

汚部屋ポイント

間に合わせで買った100均の
コの字ラックがサイズが合わず
ぐちゃぐちゃに。

汚部屋ポイント

とりあえず突っ込んだ
収納で、見た目も
ゴチャゴチャで
出しづらい状態に。

ここをチェンジ！

すべてファイルボックスに収めて見た目も統一。
奥のモノも出しやすく収納。

第5位

Workspace
ワークスペース

ごっちゃり空間が理想の仕事場になった！

「とりあえず置き」をやめ、空間の役目を明確に

リビング横の洋室は子どもたちの授乳期には寝室として利用していましたが、今の寝室にベッドを移してからは用途が定まらない「中途半端な空間」に。当時は夫や私が一人暮らしの時に使っていた本棚とシェルフをとりあえず置き、手持ちの雑誌や書類などを収納。さらに中央には子ども用の大型遊具が陣取り、せっかくリビングに近くて使いやすい部屋なのに、生活感丸出しの状態でした。

　まずは、「いる・いらない」が比較的判断しやすい雑誌や書類関係を整理し無印のファイルボックスで隠す収納にチェンジ。さらに子どもたちがほぼ遊んでいなかった大型遊具を手放し、色が悪目立ちしていたプレイマットも入れ替えました。

　今は私のワークスペースでもあり、子どもにとっても過ごしやすいスペースに変貌しました。

汚部屋ポイント

子ども用の
滑り台が占領して
生活感丸出しの部屋

ここをチェンジ！

この空間の用途を、
「自分の書斎」と
「子供が遊ぶための空間」
の2つに決定。自分好みの
インテリア作りをスタート

After

Storage 収納庫

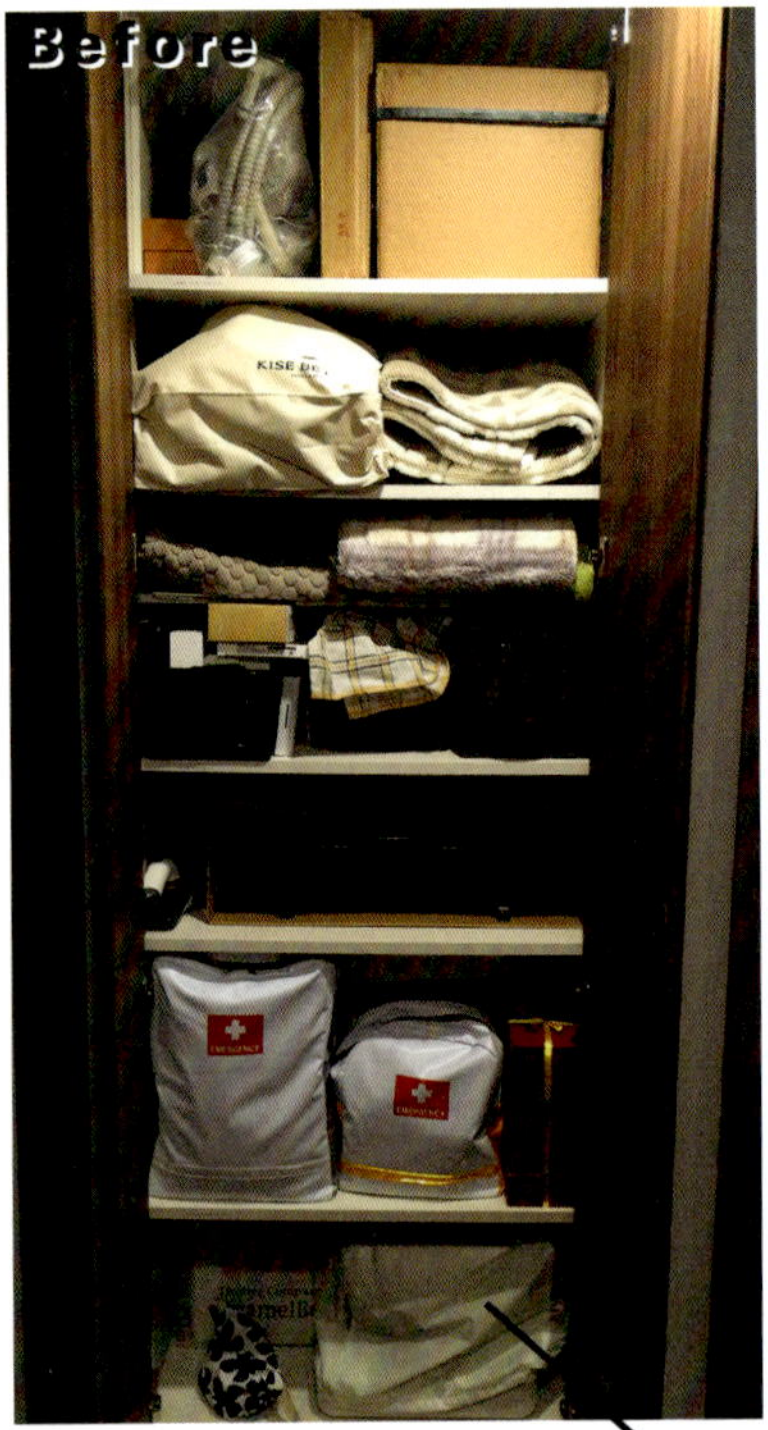

ここをチェンジ！

白いボックスに統一して
見た目も使い勝手も改善！

汚部屋ポイント

中に何が入っているか
すらわからないカオス状態

心がけたのは取り出しやすさ

奥行きのある収納庫は適当に詰め込んだモノがパンパンに溢れ、何が入っているかわからないカオス状態でした。そこで、カテゴリー分けして収納し、使い勝手を改善。ボックスを白に統一して見た目もスッキリさせることができました。

トイレの吊り戸棚の中もパンパンだったため、場所を取っていたトイレマットやフタに取りつけるカバーを廃止。洗面所の鏡裏の収納スペースには、アクセサリーやスキンケア用品などを同じ種類のボックスなどにまとめて収納。また、色味がバラバラだった洗面台下収納も、白で揃えて家事のモチベーションが上がる収納に改善しました。

トイレ Lavatory

汚部屋ポイント

買ってきたまま
押し込んでいるだけの
スペース

ここをチェンジ！

ブラウン系で色を統一し、
掃除用品をスッキリ収納

洗面所 Washroom

汚部屋ポイント

モノを減らしても
雑然としたままの収納

ここをチェンジ！

収納するモノのジャンルごとに
ケースも統一。家事をする時も
テンションが上がる空間に

収納プログラムをスムーズに進めるために 1

目標を達成できる人・できない人の違いを知る

片づいた部屋で自分好みのインテリアに囲まれ、ゆっくりとお茶を飲みたい……。そう思いながらそれを現実化できる人とできない人がいるように、目標を達成できる人とできない人との間には、明確な差があります。

両者の違いを特に実感したのは、前職でコンサルティング営業をしていた時のこと。いつになっても目標を達成できないクライアントに共通していたことは、「できない理由をつける」。例えば「予算が足りない」「値引きができない」など、理由をつけて結局行動を起こすことがない。こうしたできない理由が先にくるクライアントはいつまでたっても目標を達成できません。

逆に目標を達成するクライアントは、「制約の中でやれる方法を考えられる、考えようと努力する」という共通点がありました。

これはビジネスの世界だけのことではなく、片づけでも同じです。「家が狭い」「時間がない」「子どもがまだ小さい」など、片づけられない理由はいくらでも挙げられます。ですが、それを言っている限り、いつまでも目標は達成できず、家は片づきません。

「時間が限られている中で、1分でも2分でも片づけられないか?」など、できる範囲でのやれる方法を考えてみましょう。それだけで、一歩も二歩も前進できるはずです。

まずは、Chapter 2のワークシートを1日10分など少しずつ書き進める形で始めてみましょう。これを作りきることが、あなたの人生が変わる最初の一歩になるはずです!

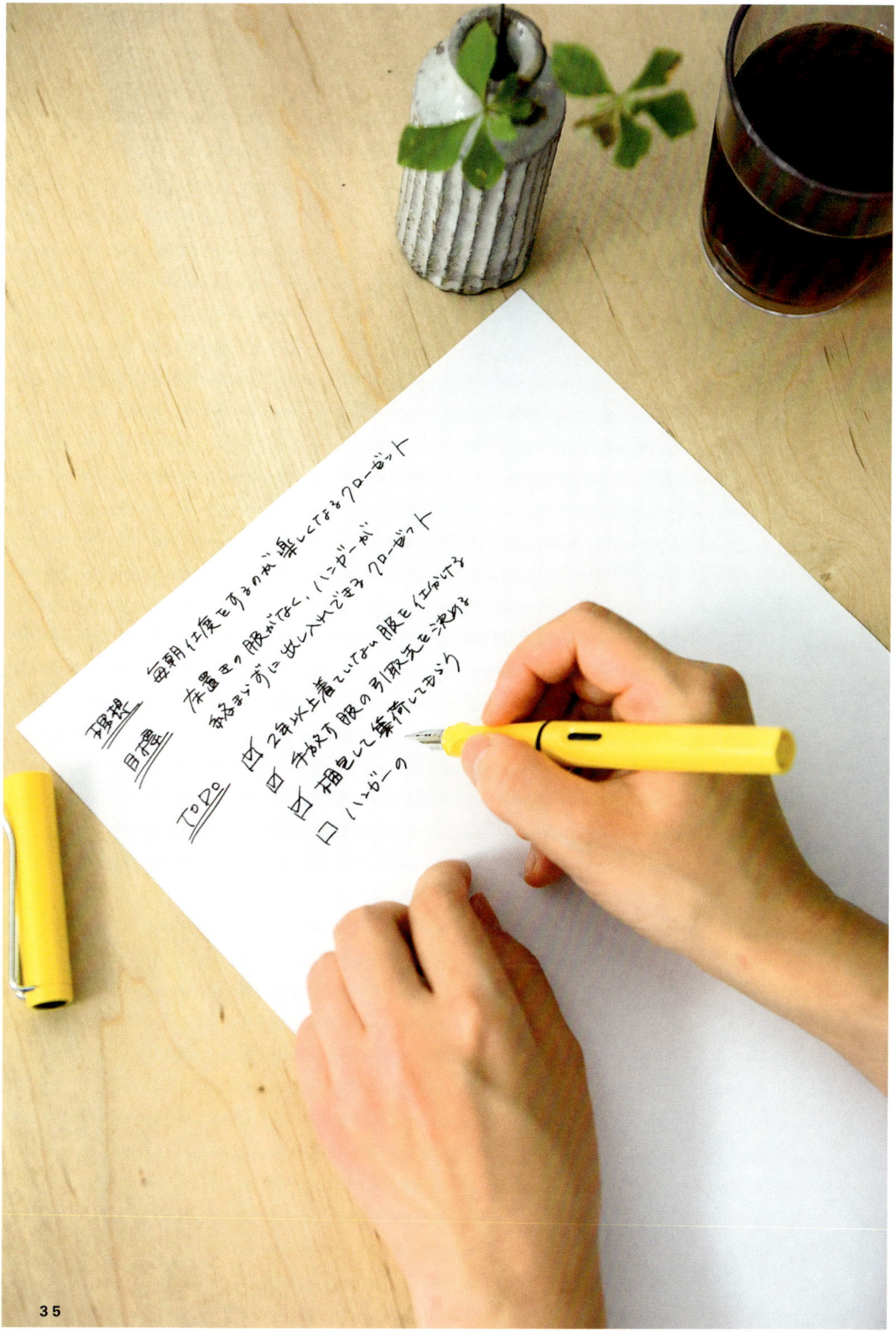
理想 毎朝仕度をするのが楽しくなるクローゼット
目標 不要の服がなく、ハンガーが
絡まずに出し入れできるクローゼット
TODO
☑ 2年以上着ていない服を仕分ける
☑ 手放す服の引取先を決める
☑ 梱包して集荷してもらう
☐ ハンガーの

Chapter 2

自動的に部屋が片づく

目標の決め方・叶え方

計画編

元・汚部屋経験者の私が実践してきた
お片づけ方法はいたってシンプル。
「こうしたいな」
「こうすればラクだろうな」と
妄想した理想を目標に変換し、
その差分からTO DOリストに
落とし込むのです。
「どうしても片づけられない」
という人こそ、片づけと向き合い、
原因を深掘りする必要があります。
やるべきことが見えれば、
片づけは〝自動的に〟できるはずなのです。

収納プログラム

- [ ] 理想の部屋を思い浮かべてお片づけの目標に変換する
- [ ] 理想と現状の汚部屋を見比べて、やるべきことをTO DO化する
- [ ] 無理なくスケジュールを組み、お片づけスタート！

忙しい人専用プログラム

脱・汚部屋のための 3 Steps

「収納プログラムでの片づけを始める前に、
3つのステップにそってお片づけプランを立てられる
ワークシートをご用意しました。
実際にワークシートに書き込んで計画を立ててみましょう！

Step 1

どうなったらハッピー？

理想の部屋をイメージして「目標」に変換する

まずは「どこを」「どんな風に」したいのかをじっくり考え、自分はどうなったらハッピーなのかの“理想”を頭の中で整理してみましょう。理想は妄想でOK。ぼんやりしたイメージのままでは、なかなか片づけのゴールは決まらないのでゴールのイメージが見えてきたら、それを達成したかどうかが客観的に判断できる目標に置き換えます。実は理想と目標は同じようでまったくの別モノ。理想を目標に変換することで具体的なアクションに移しやすくなります。

→詳細はP.40へ

Step 2

それには何が足りない？

“差分”を見つけて お片づけTO DOの 洗い出し！

具体的な目標が決まったら、それに対して「現状の部屋の状況がどうなっているのか？」を見つめ直してみましょう。目標と現状を見比べてみると、そこには必ず“差分”があるはずです。次に、「その差分が出てしまっているのはなぜか？」を掘り下げていくと、おのずとやるべきこと、つまりTO DOが見えてきます。そしてそのTO DOは、自分が「何をすればいいか」がきちんとイメージできるまで、できるだけ細かく具体的に洗い出していくことも大事なポイントです。

→詳細はP.46へ

Step 3

「いつやるか？」を今決める！

スケジュールを 無理のない 範囲で組む

お片づけのためのTO DOが決まったら、それを「いつやるか？」明確に決めていきましょう。ただ、平日は家事や仕事で疲れてできなかったり、休みの日も急な子どもの体調不良などで予定が狂ってしまったりということもありますよね。そのため、詰め込みすぎず、多少予定通りにいかなくても挽回できるような無理のないスケジュールを立てることがポイント。また、達成しやすいお片づけから始めて自分に自信をつけていくことも大切です。

→詳細はP.52へ

「理想」と「目標」は似て非なるもの！

お片づけが苦手な人は「片づけ＝面倒なこと」というイメージを持っていることが多いように感じます。そのため、なかなか重い腰が上がらず、ついつい後回しにしてしまう…というパターンになりがち。

お片づけが苦手な人ほどキラキラした〝理想〟のイメージを具体的に描いたほうがやる気がアップします。お片づけはあくまでその〝理想〟を手に入れるための手段に過ぎないからです。

私自身も、未だに「片づける」という行為自体は好きではなく、ただただ片づいた後の素敵なお

Step 1
理想のイメージを妄想して目標に変換してみよう！

Ideal 理想

片づけたい場所の優先順位を決める

片づける場所を決めたら
理想のイメージを妄想する

妄想の例

ホテルのスイートルームのような明るく清潔感のあるリビングで、お気に入りのカップでお茶をのみたい

キラキラした
イメージであるほど
やる気UP！

部屋の状態を早く見たいから、面倒でも片づけが頑張れるのだと思っています。

ただ、〝理想〟をそのままにしていては片づけは始まりません。例えば、「スッキリ片づいたキッチンで子どもとお菓子作りを楽しみたい」という理想を描いたら、「使用頻度の高い調理器具を厳選し、使いやすいところに収納する」という具体的な目標に変換するところまで考える。「スッキリ片づいたキッチン」がどういう状態なのかを自分の中で決める作業をすることが大切なのです。目標を立ててから初めて、お片づけへの第一歩を踏み出せるのです。

目標 Goal

妄想した中で特に優先順位が
高いものを決める

“達成できたかどうか”が
客観的に判断できる“目標”に変換する！

目標の立て方の例

× 本棚を片づける

○ 本棚に床置きや横積みの本が１冊もない状態にする

達成できたかが白黒ハッキリ
つけられるのが目標です！

次のページから書き込み式のワークシートで実践してみましょう

書き込み式

目標プランニングシート

理想を目標に変換するためのプランニングシート作りにチャレンジ！
まずは、どう書き込んでいくかのサンプルをお見せします。

work 1

家の中で片づけたい場所をリストアップ！ その中で優先順位をつけてみましょう。

- キッチン ──→ 優先順位は？ 2 番
- クローゼット ──→ 優先順位は？ 1 番
- 子ども部屋 ──→ 優先順位は？ 3 番
- リビング ──→ 優先順位は？ 4 番
- 収納庫 ──→ 優先順位は？ 5 番

七尾's Point
順位づけの
ポイントはP.64
を参照してください

──→ 今、私が一番片づけたい場所は、

クローゼット です！！

七尾's Point
なぜそこを一番片づけたいのか？を
掘り下げると自分の価値観や片づけで
重視するポイントが見えてきます

work 2

その場所を一番片づけたい理由は？

1 毎朝身支度の時に着たい服が見つからなくて時間がかかる

2 床にも服が置いてありクローゼットの服が出しづらくてストレス

3 同じような服を何枚も買ってしまうのでムダ買いを減らしたい

七尾's Point
ときめき要素も理想のイメージに盛り込むと
ワクワク感がお片づけスイッチをオン！

work 3

その場所の理想のイメージは？

1 クローゼットにお気に入りの服が並んでいるときめく空間にしたい

2 全部の服がクローゼットの中に収まっている状態にしたい

3 服が出し入れしやすい収納にしたい

七尾's Point
最初から理想のゴールを
目指す必要はなし。
まずは手軽な目標から設定

work 4

理想のイメージの中でも最も叶えたいことは？

1 全部の服がクローゼットの中に収まっている状態にする

2 服が出し入れしやすい収納にする

3

七尾's Point
誰が見ても達成できたか
どうかが
判断できる目標に

work 5

その理想を客観的に判断できる“目標”に変換してみましょう。

1 床に置いてある服が全部クローゼットに入っている状態にする

2 クローゼットの中のハンガーが絡まりないようにする

3

七尾's Point
あまり先すぎず、でも無理のない
期限を設定して

work 6

では、いつまでにその目標を達成したいですか？

来月末 まで

七尾's Point
目標を宣言することでお片づけのモチベーションをアップ！

宣言！

私は 来月末 までに クローゼット を
床置きの服がなく、クローゼットの中のハンガーが
絡まりないような出し入れしやすい収納に することを目標に

お片づけを頑張ります！

書き込み式

目標プランニングシート

前ページのサンプルを例にしてレッツトライ！
コピーしてお部屋の見えるところに貼ってもOKです。

work 1

家の中で片づけたい場所をリストアップ！　その中で優先順位をつけてみましょう。

- ──→ 優先順位は？　番
- ──→ 優先順位は？　番
- ──→ 優先順位は？　番
- ──→ 優先順位は？　番
- ──→ 優先順位は？　番

──→ 今、私が一番片づけたい場所は、

です！！

work 2

その場所を一番片づけたい理由は？

1

2

3

work 3

その場所の理想のイメージは？

1

2

3

work 4

理想のイメージの中でも最も叶えたいことは？

1

2

3

work 5

その理想を客観的に判断できる"目標"に変換してみましょう。

1

2

3

work 6

では、いつまでにその目標を達成したいですか？

まで

宣言！

私は　　　　　　　　までに　　　　　　　　を

　　　　　　　　することを目標に

お片づけを頑張ります！

「現状」を「見える化」
原因も同時に考える

お片づけの目標を決めたら、今度は今の部屋の「現状」がどうなっているのかをしっかり把握。目標と現状との違い＝「差分」から解決策を考えていきます。

「現状」を把握する時は、1つずつ細かく見ていくのが効果的です。例えば、クローゼットの整理では「自分は今何着の服を持っていて、その種類の内訳はどうなっているのか？」まで数えて記録してみる。特に種類の多い服があれば、色の内訳まで調べてみましょう。

以前、クローゼットのお片づ

Step 2
「目標－現状＝差分」の方程式で解決策を考えてみる

Situation 現状

数値化して具体的に認識することがポイント

現状

ルームウエアや前日着た服が床に7～8枚置いてある

70cm幅のクローゼットに全部で60枚も服が入っている

Goal 目標

1 床やソファに置きっぱなしの服が1枚もない状態にする

2 クローゼットから服を取り出す時ハンガーが引っかからずに出せる状態にする

けに伺ったお宅では、なんと洋服が500着以上もあり、そのうちワンピースは68着もありました。また、多くお持ちだったTシャツもその大半が白色。把握しているつもりでも、実際に数えて〝見える化〟しないとわからないこともあるものです。

現状が見えたら「なぜそうなってしまったのか?」の原因もしっかり考えてみてください。

問題点である原因もセットで分析しなければ、本当の解決策にはたどり着けません。原因は、あくまで仮説でOK。その仮説がもし違っていて片づけがうまくいかなくても、別の原因と解決策をまた考えてみればいいのです。この原因と対策をセットで考える思考のクセをつけることが何より大事なのです!

差分 Difference

その問題点(原因)は?

似たような
デザインの服が多い

ハンガーがバラバラで
かさばる太さの
モノが多い

クローゼットに服が
入りきらないから
ちょい置きしてしまう

解決策

クローゼットの中の服で
2年以上着ていない
モノを処分する

服の一時置き
スペースを作る

ハンガーをかさばらない
ものに揃える

解決策はあくまでも仮説でOK!
間違ったらまたやり直せば
いいのです

次のページから書き込み式のワークシートで実践してみましょう

書き込み式

TO DOリスト洗い出しシート

目標に対しての現状と、その原因となる差分を洗い出していきましょう。
そして、その解決策を考えていきます。

Sample

work 1

あなたが立てた目標に対して、今の部屋はどんな状態でしょうか？

現状1 床置きの服 → 着た服が脱ぎっぱなしで置いてある

具体的には トップス、ボトムス各3枚、ルームウエア1組

現状2 洗濯して取り込んだ服が置きっぱなし

具体的には シャツ、下着、靴下 各2組、タオル3枚

現状3 クローゼットのハンガー掛けの服が多い

具体的には トップス30枚、ボトムス20枚、ワンピース10枚 計60枚

七尾's Point
できるだけ具体的に
把握しましょう

work 2

では、現状がそうなってしまっている原因は何だと思いますか？

原因1 脱いだ服の一時置きスペースがない

原因2 クローゼットの広さに対して服を詰め込みすぎ

原因3 ハンガーが太くてかさばっている

七尾's Point
原因は仮説でOK。
すべてを洗い出すと何かが
見えてくるはずです。

work 3

原因に対してどんな解決策が考えられるでしょうか？

解決策1 服の一時置きのカゴを用意する

解決策2 服がラクに出し入れができる量まで減らす

解決策3 ハンガーをスリムなものに買い換える

work 4

解決策を具体的なアクションにしていきましょう。
できるだけ細分化して自分がそのお片づけをしていることが
イメージできるくらい具体化してみてください。

七尾's Point
ここの解決策も
仮説でOKです。
やってみてうまく
いかなかったら
別の方法で再トライ！

アクション1 服の一時置きカゴを用意する

→ カゴの購入候補を決める

→ カゴをネットで注文する

→ カゴの服をしまうタイミング・ルールを決める

→

アクション2 服がラクに出し入れができる量まで減らす
ワンピース10枚 ボトムス20枚 トップス30枚のうち

→ 2年以上着ていないものを仕分ける

→ 手放す服の引取先を決める

→ 買取サービス業者に集荷依頼の申込みをする

→ 梱包して集荷してもらう

アクション3 ハンガーを買い替える

→ ハンガーの購入候補を調べる

→ ハンガーをネットで注文する

→ ハンガーを古いものと入れ替える

→ 古いハンガーを捨てる

書き込み式

TO DOリスト洗い出しシート

目標に対しての原因や解決策はとにかく洗い出すことが大切。
今、収納と向き合おうとしているあなたは確実に一歩前に進んでいます！

work 1

あなたが立てた目標に対して、今の部屋はどんな状態でしょうか？

現状1

具体的には

現状2

具体的には

現状3

具体的には

work 2

では、現状がそうなってしまっている原因は何だと思いますか？

原因1

原因2

原因3

work 3

原因に対してどんな解決策が考えられるでしょうか？

解決策1

解決策2

解決策3

work 4

解決策を具体的なアクションにしていきましょう。
できるだけ細分化して自分がそのお片づけをしていることが
イメージできるくらい具体化してみてください。

アクション1

→

→

→

→

アクション2

→

→

→

→

アクション3

→

→

→

→

簡単なタスクから始め成功体験を積み重ねる

「目標－現状＝差分」の方程式から解決策が見えてきたら、それを具体的なＴＯ ＤＯリストに落とし込みます。リストを作る時は、「実際にそのお片づけをやっている自分」が目に浮かぶくらい〝具体的なやること〟を決めるのが重要です。

やることがイメージできないとなかなか手は動かないものだと思います。そのため、「クローゼットを片づける」などふわっとしたＴＯ ＤＯではなく、「ハンガーに掛かっているワンピース10着のうち、２年以内に着たものとそれ以外を分ける」とで

Step 3
具体的なTO DOリストを作り無理のないスケジュールを立てる

解決策を具体的なTO DOリストに落とし込む

解決策
着ていない洋服を処分する

TODOリスト

- クローゼットの服のうち２年以内に着ていない服を分ける
- 分けた服を「捨てるモノ・売るモノ・残すモノ」に分ける
- 売る服の売り先を調べて決める
- 宅配買取の集荷依頼を申し込む
- 売る服をダンボールに梱包する

具体的イメージが
浮かぶレベルまで
やることを分解！

きるだけ具体的に分解します。こうすると、お片づけにかかる時間の見通しも立てやすくなり、「今日はこれだけやればいいのか！」など心理的なハードルも少し下がるのではないでしょうか。

　また、スケジュールはできるだけ無理のない予定にするのも挫折しないポイント。早く片づけたいからといって「休みの日にがっつり1日作業して終わらせる」などハードなスケジュールを立ててしまうのは危険です。急な子どもの体調不良など忙しいママにはハプニングもたくさん。予定通りにうまく進まず自分を責めてしまう悪循環を避けるためにも、まずは簡単なことから始めましょう。

目標達成日を決めて無理のないスケジュールを立てる

スケジューリングのポイント

1 仮の目標達成日を決めておく

2 簡単なお片づけから始めて「勝ちグセ」をつける

3 現実的にできそうなスケジュールを立てる

4 途中で遅れが出ても挽回できるように「予備日」を作っておく

忙しいママですから、
予定通り進まなくて当然！
ゆっくり自分ができる範囲で
スケジュールを組みましょう！

次のページから書き込み式のワークシートで実践してみましょう

書き込み式

お片づけスケジューリングシート

具体的にやることが見えてきたら、スケジュールに落とし込みます。
無理のない予定を立てましょう！

前ページで洗い出した解決策の中で特に優先的にやりたいことは？

1 服を仕分けて量を減らす

2 スリムなハンガーに買い換えて揃える

3 服の一時置きカゴを用意する

すべてのTO DO完了予定日

2019 年 1 月 31 日 木 曜日

TO DOスケジューリング＆完了チェックシート

実行Check	TO DO	実行予定	Memo
✓	ワンピース10枚のうち2年以上着ていないものを仕分ける	12/22（土）	
✓	ボトムス20枚のうち2年以上着ていないものを仕分ける	12/23（日）	
✓	トップス30枚のうち2年以上着ていないものを仕分ける	12/29（土）	
✓	手放す服の引取先を決める	12/30（日）	
✓	買取サービス業者に集荷依頼の申込みをする	12/30（日）	
✓	手放す服を集荷用に梱包する	1/5（土）	6日午前中に集荷予定
✓	ハンガーの購入候補を調べる	1/6（日）	

実行Check	TO DO	実行予定	Memo
✓	ハンガーをネット通販で注文する	1/6（日）	10日 19〜21時 到着予定
✓	ハンガーを古いものと入れ替える	1/12（土）	
✓	洋服の一時置きカゴの購入候補を決める	1/13（日）	
✓	カゴをネット通販で注文する	1/14（祝）	17日 19〜21時 到着予定
✓	カゴの服をしまうタイミング、ルールを決める	1/19（土）	
		／（ ）	
		／（ ）	
		／（ ）	
		／（ ）	
		／（ ）	
		／（ ）	
		／（ ）	

実際のTO DO完了日

2019 年 1 月 19 日 土 曜日

おつかれさまでした！

書き込み式

お片づけスケジューリングシート

前ページでお見せしたサンプルはあくまで私の一例。
みなさんのライフスタイルに合わせて、スケジュールを立ててみてください。

前ページで洗い出した解決策の中で特に優先的にやりたいことは？

1

2

3

すべてのTO DO完了予定日

年　月　日　曜日

TO DOスケジューリング＆完了チェックシート

実行Check	TO DO	実行予定	Memo
□		／（ ）	
□		／（ ）	
□		／（ ）	
□		／（ ）	
□		／（ ）	
□		／（ ）	
□		／（ ）	

実行Check	TO DO	実行予定	Memo
□		／（　）	
□		／（　）	
□		／（　）	
□		／（　）	
□		／（　）	
□		／（　）	
□		／（　）	
□		／（　）	
□		／（　）	
□		／（　）	
□		／（　）	
□		／（　）	

実際のTO DO完了日

年　　　　月　　　　日　　　　曜日

おつかれさまでした!

まとめ

散らかる原因を分析すれば誰でも片づけ上手になれる

よく、ブログ読者の方から「収納本をたくさん読んだけれど片づけられない」というお悩みをいただきます。

収納本などの事例は、あくまで誰かにとっての解決策の一例です。本を見てマネしてみてもうまくいかないという方は、問題の原因が別の理由だったりするのかもしれません。

例えてみれば、頭痛で苦しんでいるのに、胃薬を飲んでも痛みが収まらないのと同じようなもの。ちゃんと原因を分析して、それに合った解決策を導かないと根本的な問題解決には繋がりません。

「そもそも自分はどうしたいのか？」というところから考えて、最終的に自分なりのアクションまで導いてくれるのが、汚部屋脱出のための「収納プログラム」です。

ここまでご紹介してきた3つのステップの思考訓練を繰り返し、日常的に使えるようになれば、まさに「自動的に片づく」仕組みが自分の中にでき上がります。

あなたの暮らしは、あなただけのもの。だから、答えを持っているのはあなた自身です。

ぜひ、自分の中の答えを引き出して、理想の暮らしを目指しましょう！

ワークシート作りで困ったら？

よくつまづきがちなポイントと対処法を解説します。

Q 理想の部屋のイメージが湧きません

A 理想のイメージが浮かばない方は、雑誌やインターネットなどで自分が心惹かれるお部屋の画像などをスクラップしてみることがオススメです。それでもピンとこない、という方は、逆に消去法で「こんな暮らしはイヤ」という要素を挙げてみて、そこから逆算して考えてみましょう。

Q 理想を目標にうまく変換できません

A 理想から目標に変換するときは、「それって例えばどんなこと？」と自分に問いかけてみると具体化しやすくなります。もし「家事がしやすいキッチン」が理想なら、「それって例えばどんな家事？」「その家事の中のどんな作業？」と掘り下げてみましょう。そうすると、「料理がしやすく、食材がすぐ出せる冷蔵庫収納」というように、具体的な目標に落としやすくなりますよ。

Q 解決策が思い浮かびません…

A こんなときこそ収納本の出番です！　理想や現状が整理できていない状態で収納本を読むと見当違いになることもありますが、ちゃんと解決したいことが具体的になっていれば、収納事例も活用しやすくなります。この本でもChapter 3に事例をたくさん掲載しているので、ぜひ参考にしてみてください！

Q スケジュールを立ててもその通りに進みません

A うまく進まない時は、「なぜ進まないか？」を考えてみましょう。「面倒くさくて進まない」のであれば、目標のハードルを少し下げてトライしてみるのもアリですよ。

収納プログラムをスムーズに進めるために 2

片づけの「成功体験」を積み重ねていく

「今年こそは片づける！」と決意するものの、結局三日坊主で終わってしまう…。そんな方も多いと思います。私自身も元々飽きっぽく、三日坊主になりやすいタイプ。ですが、会社員時代にどんなに難易度の高い目標でも、あきらめず達成していく過程で培った「勝ちグセ」のおかげで、〝脱・三日坊主〟を実現することができたと思っています。

　Chapter 1でご紹介したかつての私の汚部屋の数々。カオス状態だった寝室の片づけなどは途中で挫折してしまいそうなほどハードルが高いものでした。だからこそ心がけたのは、小さな「勝ちグセ」をつけられる場所から片づけを始めるということ。例えば、キッチンのカトラリーを使用頻度別に分けて整理したり、リビングの引き出しの中の文具を片づけたり…。いきなり高いハードルに立ち向かうのではなく、簡単に飛べる低いハードルから飛んでいくのです。難易度の低い別の場所を片づけていくと、自信という「勝ちグセ」が徐々についていきます。

　その他、帰ってきたら必ず玄関の靴を揃える、寝る前に必ずソファの上のクッションを整えるなど、本当に些細なことからで大丈夫。どんな小さなことでも、成功体験を積み重ねることで、どんどん「勝ちグセ」がついていきます。とにかく続けて、自信をつけることから。それさえあればお片づけで挫折することはなくなるはずです。

Chapter 3

自分なりの収納プログラムを始めよう！

お片づけTO DOリスト

実践編

この章では私が
実際に汚部屋を脱出した
エピソードを交えながら
片づけ方をご紹介していきます。
実際、すぐに汚部屋をまるっと
片づけられたかと言うと
そうではありません。
Chapter 1でご紹介した
あのカオスな状態から
少しずつ理想の部屋に
近づけていきました。
時間がかかってもいいのです。
できるところから、自分のペースで
やることが重要なのですから。

収納プログラム

- [ ] 苦手だからこそ、「家事のしやすい収納」を重視する
- [ ] 見える部分と見えない部分のメリハリをつけて収納する
- [ ] 使う人が一番使いやすいと思える「収納の仕組み」を作る

お片づけを始める前に…

いざ、片づけをしようと思っても、「家中散らかっていて、どこからどう手を付けたらいいかわからない……」と悩んでいる方は多いと思います。

自分のモノよりご主人のモノや、お子さんのモノが多くて、目についてしょうがないというケースが実際多いのですが、ご家族のモノを片づけるのは実は結構難易度が高いもの。まずは

片づけ優先順位づけチェック！

チェック項目に当てはまる場所は比較的片づけやすいです

- 自分で「必要か？」「不要か？」を判断できるモノが多い
- 自分にとってよく使う場所で、片づけの効果を実感しやすい
- 好みではなく、“使っているかどうか”で判断できるモノが多い
- “思い出のモノ”が少ない

自分で判断できるご自身のモノから始めて、その後にご家族をお片づけに巻き込んでいきましょう。

また、誰にも見せられない「開かずの間」や、あまり使わないモノを収納しがちな物置なども、処分するのに手間がかかるモノが多いため、片づけの難易度が高くなります。かさばるモノ＝使用頻度は低いモノなので、焦らず後回しにしてまずは、よく使う場所から先に片づけましょう。

優先順位をつけるのが難しい、という方は、右下のチェック項目を参考に、片づけやすい場所からチャレンジしてみてください。

七尾的 お片づけ おすすめスポット Best 5

第1位 キッチン

ママが使うモノがほとんどで、片づけた後の家事の時短効果も感じやすい場所。また、好みより使用頻度で仕分けやすいのもポイント。

第2位 洗面所

こちらも使用頻度が高く効果が感じやすいのに加え、要不要の判断がしやすい場所。小物が多いので、不用品が出ても処分しやすいです。

第3位 自分のクローゼット

自分のモノだけで完結できて、かつ毎日使う場所です。ただし、洋服好きで所有量が極端に多い場合は他の場所で自信をつけてからチャレンジを。

第4位 リビング収納

家族みんなが使う場所ですが、引き出し1つやテレビ台など、小さい場所から少しずつ始める分には比較的進めやすい場所です。

第5位 お風呂

元々のモノの量がそれほど多くない場所なので、短時間で片づけやすい場所です。スッキリ片づいたらお掃除もしやすくなります。

Kitchen
キッチン

時短家事が収納の最大のテーマ

ワンオペ育児の我が家にとって、家事の中心であるキッチン収納を使いやすくすることはとても重要なポイントです。

収納に興味を持つまでは、収納スペースの容量などまったく考えずに食器など気に入ったものをどんどん買ってしまっていました。その結果、とても出し

理想

家事をするのが楽しくなるキッチン

目標

使うモノ、お気に入りのモノだけでスッキリさせる

実行

使用頻度の低いモノは分けて収納する

入れしづらく家事がしにくいキッチンに。また、夫と自分がそれぞれ一人暮らしの時に使っていた食器やキッチンツールなども混在。使っていないモノを処分することもなく、収納スペースからあふれさせたままの状態でした。

まず、使用頻度の高いモノやお気に入りのモノだけに絞り、使っていないモノを一斉処分。家事の動線や子どもたちの身長なども考えて配置することで使いやすさ重視のキッチンに改善しました。

また、家事が苦手な私にとって、モチベーションがアップする空間作りも大切。キッチンツールなどはモノトーンで統一するなど、出しっぱなしでもスッキリ見えるようにモノ選びを工夫しました。

TO DO | 1

パントリーは「見せる」と「隠す」を使い分ける

リビングから「見える」か「見えないか」を意識

① 隠す パントリー最上段

デッドスペースを活かした見えない収納

最上段はIKEAのボックスに使用頻度の低いマグカップやキッチン雑貨を収納。上から2段目のボックスにはストック食材や二軍のカトラリー、キッチンツールなどを入れています。

② 見せる パントリー中段

お気に入りのモノで固めた見せる収納

お客様から一番よく見える中段は、お気に入りのティーセットや器などを「見せる収納」に。二軍のカップはバスケットに入れて隠す収納にして、メリハリをつけています。

③ 隠す パントリー下段

見せたくないものは見せない収納

ごちゃついて見えがちなストックのお酒や土鍋、キッチン雑貨などはファイルボックスで隠す収納に（詳しくはp.85で紹介）。奥のモノが取り出しづらくなる悩みも解消しました。

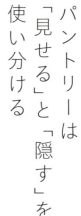

TO DO｜2

色味を揃えて使い勝手も見た目もスッキリさせる

出しっぱなしでもモノトーン一色なら気にならない

時短収納

あえての出しっぱなしが便利

コンロ周りは使い勝手を重視して、使用頻度の高いキッチンツールや鍋・フライパン類をあえて出しっぱなしにしています。火を使いながらでもワンアクションで出せるのが便利。出しっぱなしにする代わりに、道具の色味はモノトーンで統一。

お気に入りグッズで家事のモチベーションをアップ

苦手な家事のモチベーションを上げてくれるのは、なんといってもお気に入りのキッチングッズ。特に好きなのは木製のハンドルが可愛いイッタラのサルパネヴァというお鍋です。これを使いこなすためにお料理を頑張りたいと思わせてくれる、我が家のキッチンのアイコン的存在。ニュアンスグレーが可愛いJOBUの鍋つかみも心がときめくアイテムです。

TO DO | 3

移動ゼロの仕組みで台所仕事を自動化させる

苦手だからこそ
ラクにできる仕組みを作る

考えずに体が動くキッチン

夫が単身赴任でワンオペ育児の我が家にとって、いかに家事の手間を軽減するかというのは超重要課題。私自身も面倒くさがりで家事も料理も苦手なので、とにかくラクな仕組み作りを心がけています。つい放置しがちになってしまう台所仕事を「どうやったら溜めずにこなせるかな？」と俯瞰で見るように意識しています。

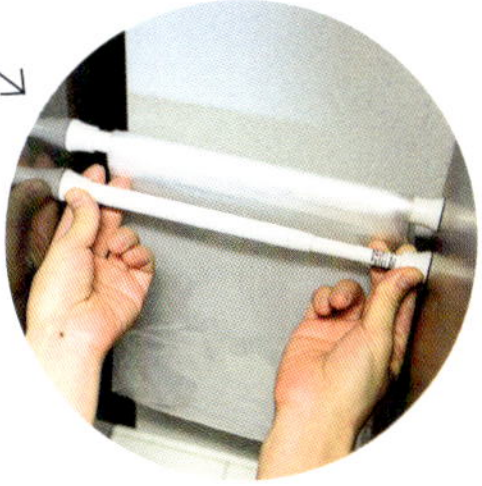

① 掃除ラク収納

ゴミ袋をワンアクションで取り出す

私が面倒でやりたくない家事の一つがゴミ袋替え。少しでもラクにしようと、ゴミ箱のすぐ後ろに突っ張り棒でゴミ袋の収納を作っています。やり方は簡単。1本の突っ張り棒にゴミ袋を引っ掛けたら、その前にもう1本の棒をつけるだけ。手前の棒がストッパーの役目を果たしてくれるので、ゴミ袋がワンアクションで取り出せます。

② 時短収納

お米は炊飯器のすぐ横に

お米も炊飯器の隣の引き出しに収納することで移動距離ゼロに。以前はコンロ下の引き出しに入れていましたが、いちいちそこまで歩くのが面倒だったので、場所を変えることでラクになりました。

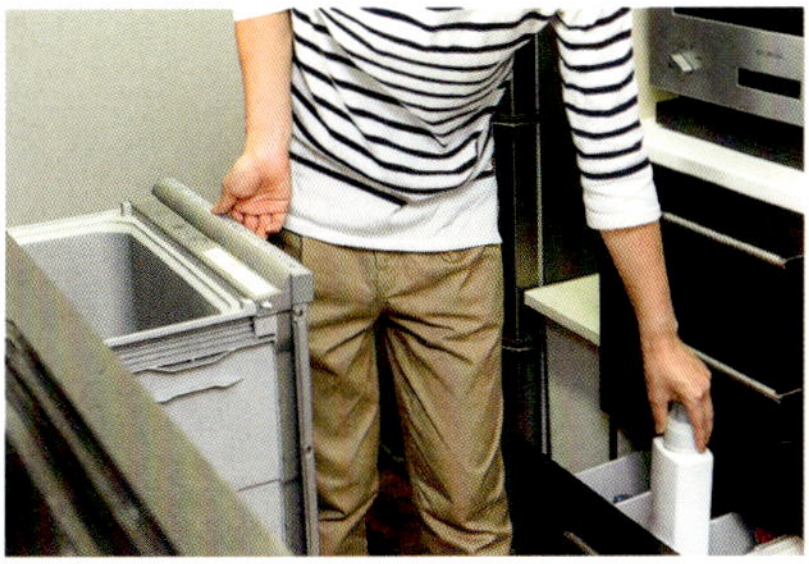

③ 時短収納

食洗機の動線を考えた洗剤の場所

食洗機用の洗剤は、食器棚下段の引き出しに収納。ここも食洗機から移動距離ゼロなので、一歩も動くことなく取り出せてラクちん。忙しい平日夜の家事の時短につながっています。

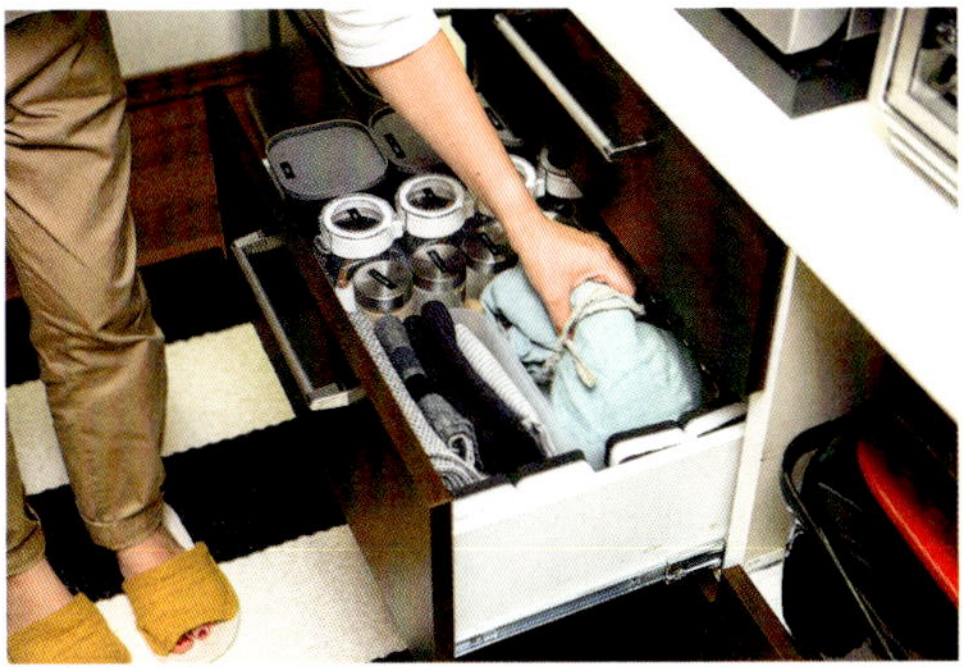

④ 時短収納

エプロンは
さっと取れる位置に

エプロンは食器棚の引き出し中段にダイソーのケースを入れて収納しています。キッチンの真ん中にあるため、わざわざ移動しなくてもすぐに取り出せて便利です。

TO DO | 4

家事を手助けしてくれる取り出しやすい収納に

一目で何がどこにあるのかがわかるレイアウトにする

食器棚引き出し収納1

食器棚下のふきん類はグレーに統一

ふきん類は、色味をグレー系に統一。中は無印良品の整理ボックスで仕切って。

コンロ下収納

二軍の調理器具はコンロ下に立てて収納

コンロ下にはフタや卵焼き器などを。無印良品の仕切りスタンドで立てて収納。

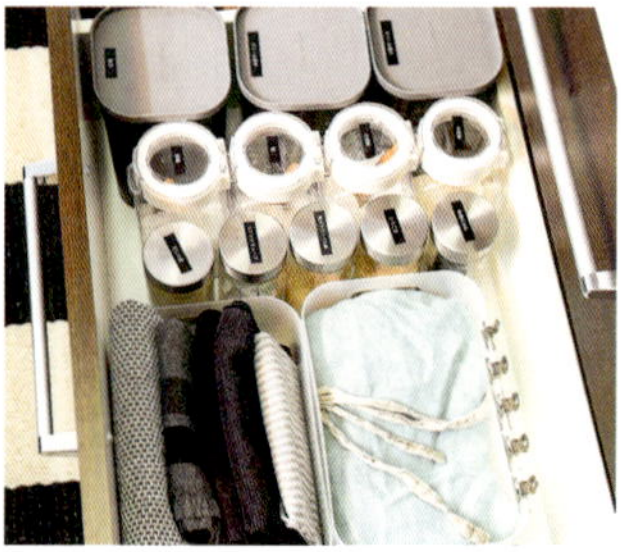

食器棚引き出し収納2

色味を統一させた調味料収納

中段には、粉物調味料やレジ袋、大判のキッチンクロス、エプロンを。

シンク下収納

無印ファイルボックスに立てて収納するプレート類

深さのある引き出しには、大きめのプレートを立てて収納。ボウル・ザルなども。

食器棚収納

食器棚は使用頻度で手前側と奥を使い分け

違う種類の器は2種類までしか重ねないことで取り出しやすく工夫。

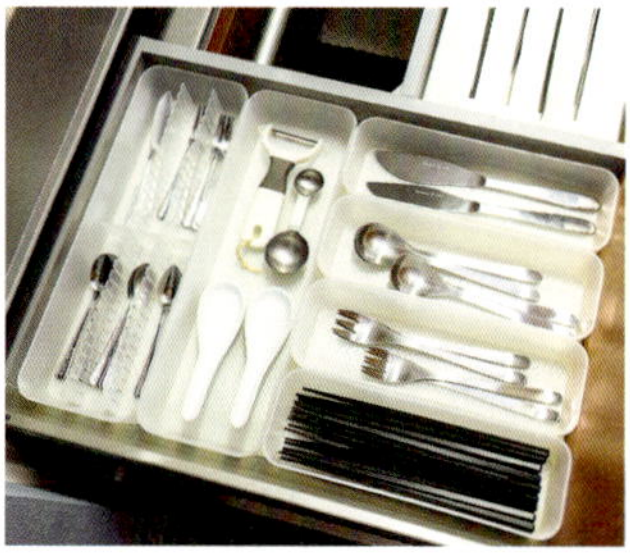

カトラリー収納

カトラリーは一軍を厳選する

無印良品の整理ボックスで仕切って一軍のカトラリーを収納。

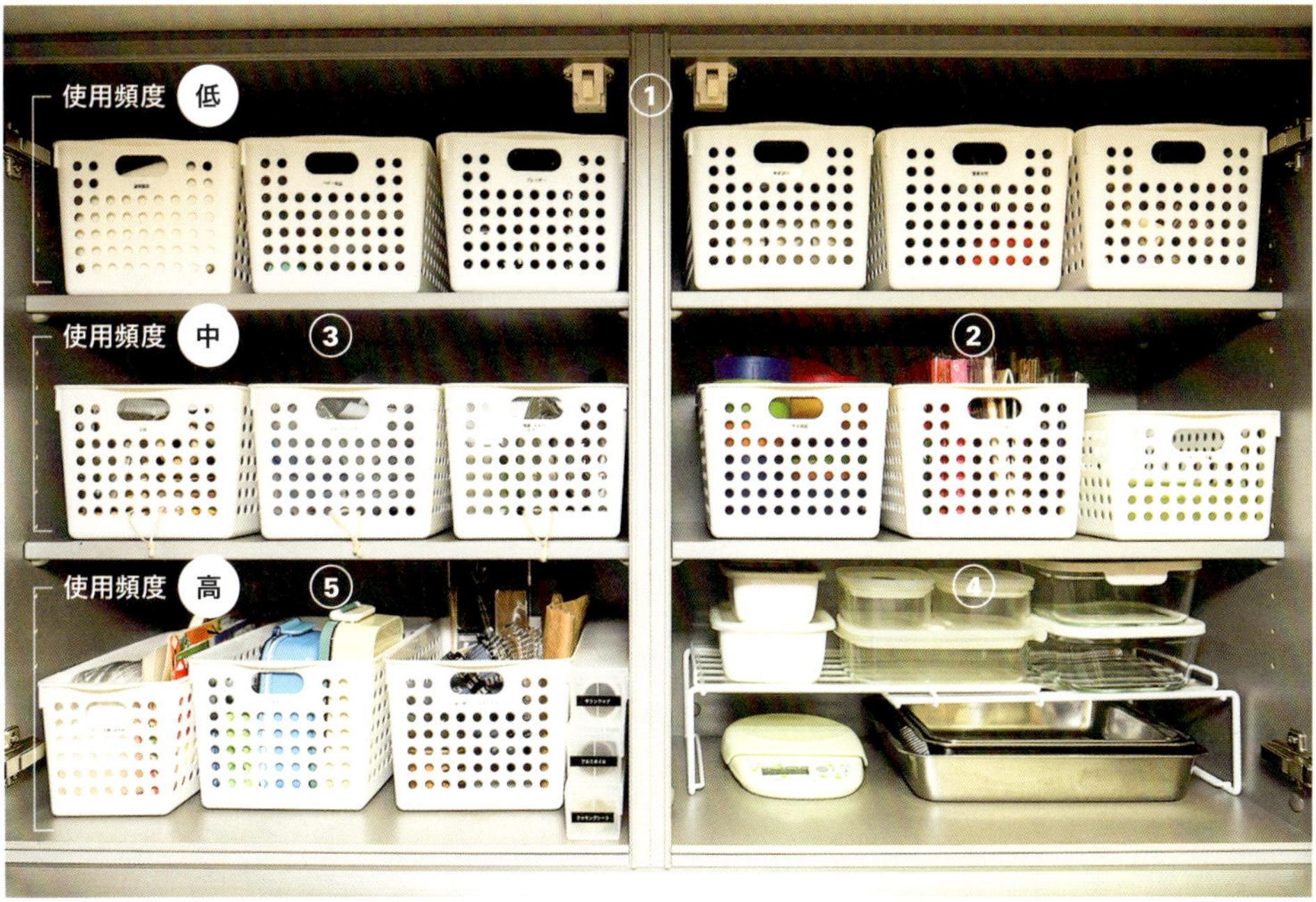

吊り戸棚収納

使用頻度ごとに 使いやすく振り分ける

キッチンの吊り戸棚は、使用頻度により「高・中・低」を分けて使っています。一番よく使うのは、背が高くない私でも届きやすい下段のゾーンなので、ここに一番よく使うものを集約。逆にあまり使わないモノは上段に置いています。また、開けた時に見た目もスッキリするようにキャンドゥのホワイトのボックスで揃えたり、ラップ類なども無印良品のラップホルダーに詰め替えたりして収納しています。

① 最上段は使用頻度の低いモノを収納

あまり使わないハンディブレンダーやお菓子作り用の焼き型などのキッチンツール類を収納しています。

② 来客時に使うグッズは中段に

来客用グッズなど使用頻度中のモノを集約。つい買ってしまうペーパーナプキンなども箱に入るだけと決めています。

③ 時々使うエリアは紐で取りやすく

使用頻度中のものを収納。背伸びしなくても取れるよう、輪にした麻紐を付けてフック代わりにしています。

④ 保存容器はワンアクション収納に

使用頻度高の調理用バットなどは伸縮するコの字ラックで区切って出しやすく。保存容器はあえて入れ子にせず重ねています。

⑤ 一番よく使うゴールデンゾーン

ラップやお弁当グッズなど使用頻度高のものを。牛乳パックを捨てる時に使うビニール紐やハサミもまとめて収納。

Living Room
リビング

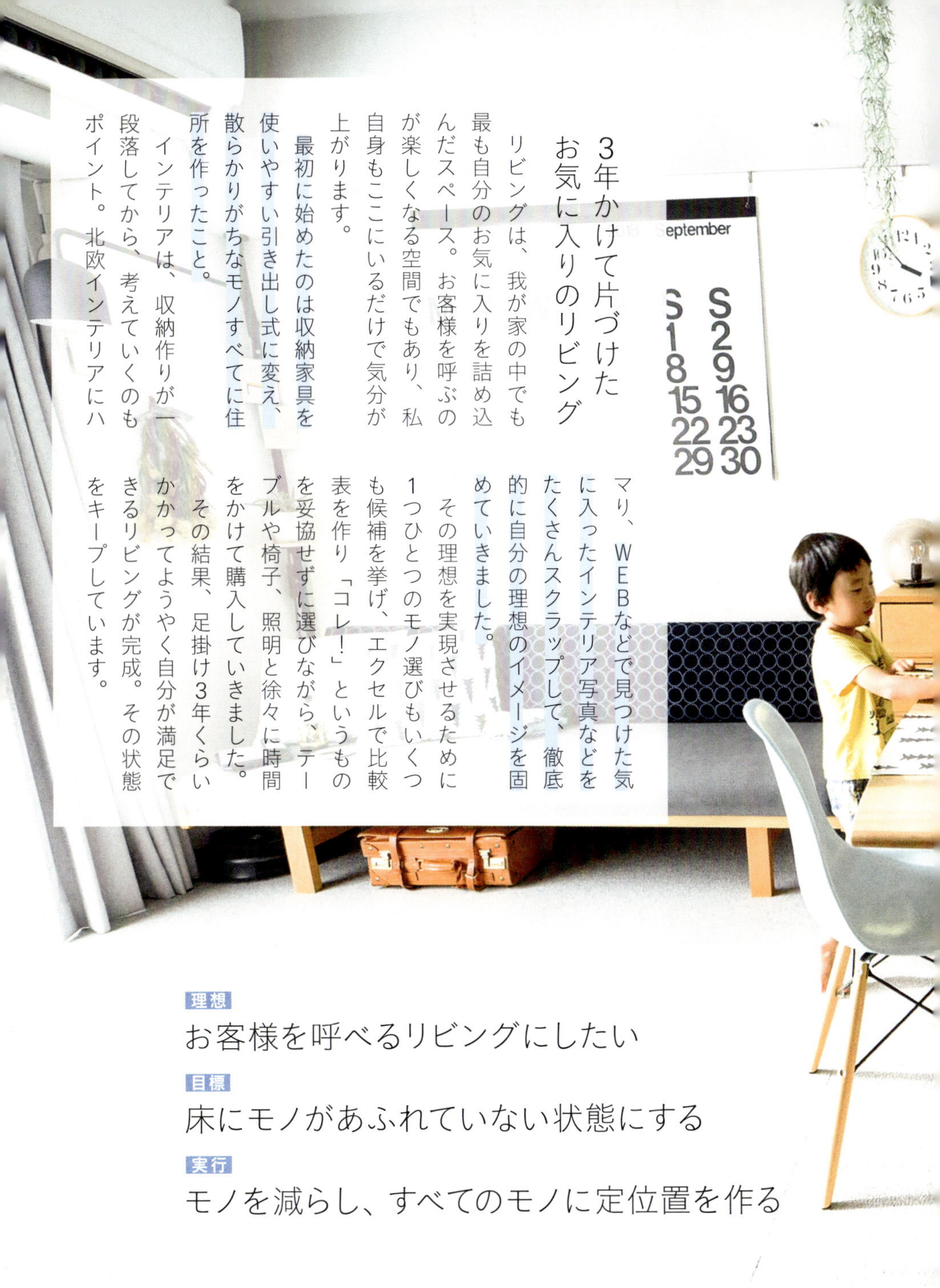

3年かけて片づけた お気に入りのリビング

リビングは、我が家の中でも最も自分のお気に入りを詰め込んだスペース。お客様を呼ぶのが楽しくなる空間でもあり、私自身もここにいるだけで気分が上がります。

最初に始めたのは収納家具を使いやすい引き出し式に変え、散らかりがちなモノすべてに住所を作ったこと。

インテリアは、収納作りが一段落してから、考えていくのもポイント。北欧インテリアにハマり、WEBなどで見つけた気に入ったインテリア写真などをたくさんスクラップして、徹底的に自分の理想のイメージを固めていきました。

その理想を実現させるために1つひとつのモノ選びもいくつも候補を挙げ、エクセルで比較表を作り「コレ！」というものを妥協せずに選びながら、テーブルや椅子、照明と徐々に時間をかけて購入していきました。

その結果、足掛け3年くらいかかってようやく自分が満足できるリビングが完成。その状態をキープしています。

理想

お客様を呼べるリビングにしたい

目標

床にモノがあふれていない状態にする

実行

モノを減らし、すべてのモノに定位置を作る

TO DO | 5

収納できるテレビ台に新調

ごちゃつくモノは外に出さない！

色味を合わせ視覚的にもスッキリ

テレビ台は無印良品のAVラックを使用。我が家のリビングに置ける小さいサイズのテレビ台はなかなかなかったのですが、これはサイズ感もバッチリ。収納量もしっかりあるので、気に入っています。

見える場所はカゴで収納

無印良品のブリ材バスケットの中には、子どものゲームの本体やコントローラーなどを隠して収納しています。かさばるおもちゃなどもシンプルなカゴに入れれば気になりません。

見えないところはざっくりでOK

テレビ台の引き出しには子どものDVDを。中身が見えない場所なのでざっくり収納。根がズボラな分、細かい部分はこだわりすぎないようにしてバランスを取っています。

Close Up

掃除ラク収納

さっと取り出せるウールダスターを

無印良品の木製フックを使ってウールダスターを見せる壁面収納にしています。ホコリが溜まりやすいテレビ周りも気付いた時にサッとお掃除できるようになりました。すぐ近くに掃除道具があるおかげで、ズボラで面倒くさがりな私でも「ながら掃除」が実践できます。

TO DO | 6

動線上に家族や来客用の服の一時置き場を

リビングへのちょい置きを根本から防止する

コートハンガーとしても使える服の一時置き場

単身赴任中の夫は自宅に戻ってきている時も帰りが遅くなりがち。寝室に脱いだジャケットやベルトを戻しに入るのが気が引けるようでダイニングチェアに掛けっぱなしということが多くありました。それを改善するために、キッチンで使っていた「壁に付けられる家具」をリビングのすぐ横の壁面に設置し、夫の上着の一時置きスペースを作りました。来客時にはお客様のコートハンガーにも使えるため重宝しています。

TO DO | 7

大事な書類はバインダー1種にまとめる

郵便物の仕分けを自動化できる仕組みに

書類整理のポイント

1
まずは郵便物を仕分ける

郵便物処理は後回しにするとすぐに散らかってしまうため、帰宅したらすぐに開封して処分するものと保管するものに仕分けます。

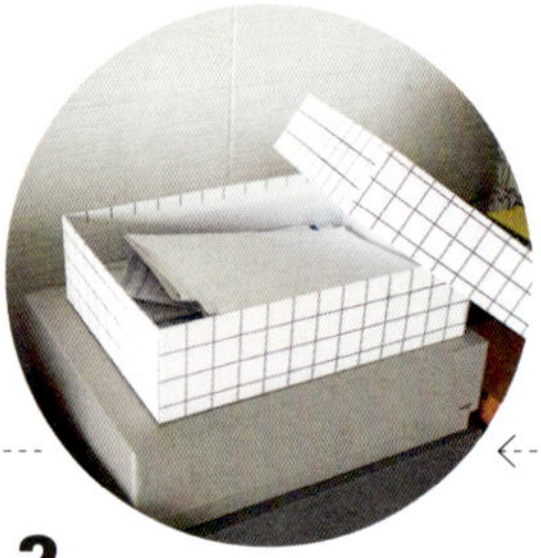

2
細断する書類は一旦ボックスに

住所が書いてある封筒など、シュレッダーにかけたいものは一旦ボックスに保管。週末にまとめて処理することで時短化しています。

3
必要書類は家族別に分ける

処理しないといけない請求書や子どもの予防接種の問診票などの書類は、「家族別」にフォルダ収納。こうすれば大事な書類もなくなりません。

TO DO | 8

キャビネット収納でテーブルを散らかさない

使用頻度で6つの引き出しを使い分け

①

文具はダイソーの縦長ケースを2段にし、使用頻度の高いモノだけ上に置いています。

②
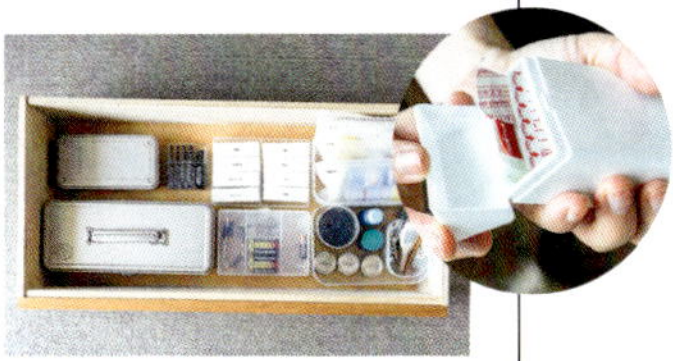

箱のサイズがバラバラな飲み薬や絆創膏は、白いタバコケースに詰め替えて統一感を。

③

インテリア系の本を収納。空いたスペースに図書館で借りた本なども入れられるように。

④

ラベルライター、カメラ関連の小物をIKEAのボックスに。すぐ横のゴミ箱用のゴミ袋も。

⑤
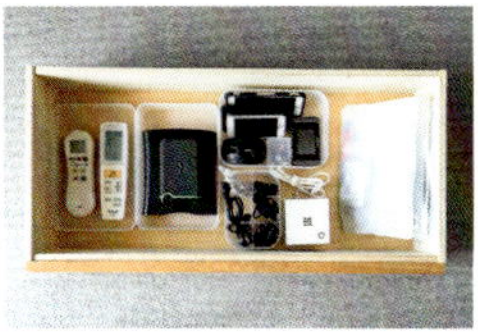

リモコンやパソコン小物などのケーブル類はダイソーの仕切り付きケースに立てて収納。

⑥

取扱説明書や夫の書類などを収納。プリンターの用紙もここに置くことで動線を短縮。

テーブルにちょい置きしがちな腕時計や指輪は、壁にかけた有孔ボードで見せる収納に。

TO DO | 9

ワンオペ育児をラクにする収納

楽しくお手伝いできる仕組みを作ります

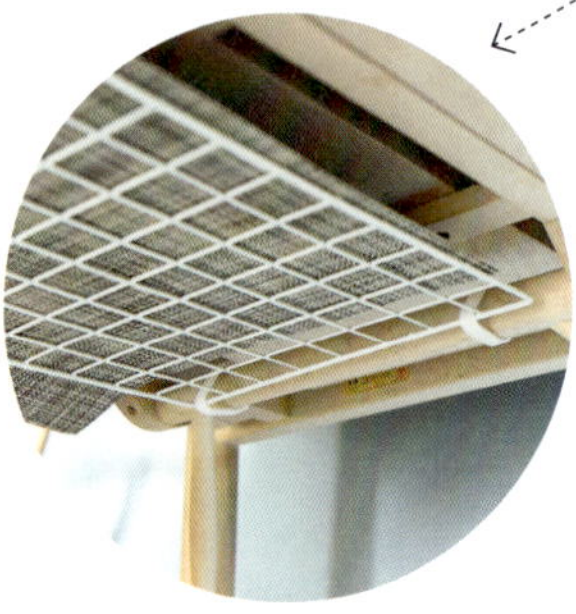

育児ラク収納

テーブル下なら子どもにも手が届くランチョンマット収納

夫が単身赴任中の我が家は、24時間ワンオペ育児なので子どもたちを戦力化するためにお手伝いしやすい収納を意識しています。ダイニングテーブルの下には子どもたちでも入れやすいランチョンマットの収納スペースを設置。これはダイソーのワイヤーラティスと面ファスナー配線ベルトで作ったもの。ちょっとした工夫が忙しい毎日の家事をラクにしてくれています。

育児ラク収納

お茶碗は食器棚ではなく炊飯器の横に置く

ご飯をよそうのは長男の役目です。高い食器棚に炊飯器を置いてしまうと、長男の手が届かないため、炊飯器の横の隙間にお茶碗を収納するようにしています。こうするとスムーズにお手伝いに導くことができます。

育児ラク収納

子ども用カトラリーはキッチンカウンターに

カトラリーをシンク下引き出しから出して食卓まで持っていくのは手間なので、次男でもすぐ取れるキッチンカウンターにセット。「ごはんの準備をして～！」というと次男は率先してお手伝いしてくれるようになりました。

育児ラク収納

麦茶セットも子どもが手に届くところに

子どもたちでも麦茶を自分で注いで飲めるように、麦茶を入れたポットと子ども用のコップもキチンカウンターに置いています。コップも割れにくく軽いものを選べば安心！　「喉かわいた～！」に対応する時短ワザです。

Check!

ホワイトボード活用のススメ

我が家では時短家事に100均のホワイトボードをフル活用！今回はその作り方と活用アイデアをご紹介します。

ホワイトボードの作り方

材料

- ホワイトボード（ダイソーで購入）
- マグネットテープ（10mm幅）（ダイソーで購入）
- ラベルライター（楽天で購入）
- マスキングテープ（無印良品で購入）

作り方

1. マスキングテープを細くカットし、ホワイトボードに罫線を作る。
2. ラベルライターで必要なラベルを作る。
3. 2で作ったラベルの長さにマグネットテープをカットし、マグネットテープのシール部分を剥がして粘着面にラベルを貼り付ける。

Idea 1

日々のメニューを決める献立表

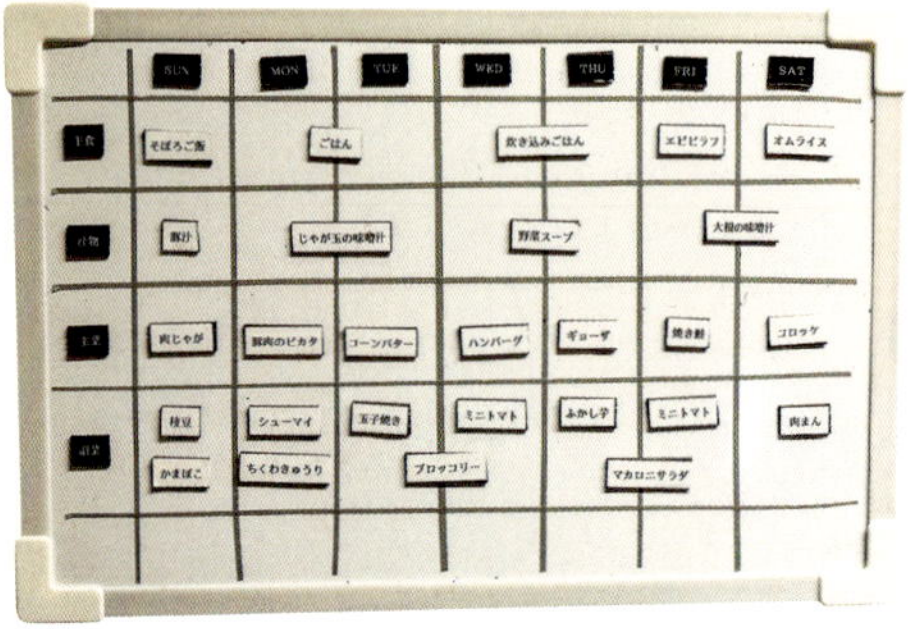

作るラベル

曜日名・自分が作れる料理名・食事の種類「主菜」「副菜」

献立は週末にボードでまとめて作ります。レパートリーのマグネットから選ぶだけなので楽ちんです。料理が苦手な私でも、献立が決まっているとさっとキッチンに向かえます。

Idea 2
買い忘れ・買いすぎ防止の日用品買い足しリスト

作るラベル 必要な日用品名（色を変えて表裏作る）

日用品のストックがなくなったらマグネットをひっくり返してチェック。これをスマホで撮影して、買い物に行けば買い忘れ防止にもなります。自分がよく見る場所にセッティングするのがポイント！

洗面所のシンク下へセット

シャンプー類やティッシュなど、洗面所やお風呂、トイレ周りのストック品リストは洗面所のシンク下の扉にセット。この扉はマグネットがくっつかなかったため、扉に磁石を貼り付けてボードが付くように工夫しました。

冷蔵庫横にセット

調味料や食器用洗剤など、キッチン回りのストック品リストは冷蔵庫横にセット。料理中のバタバタしている時でも、ひっくり返すだけなのですぐチェックできます。こまめにチェックできるので買いすぎ防止にも効果的。

Idea 3
お手伝いを習慣化する“隊長ボード”

作るラベル

子どもの名前・「できた」「まだ」・曜日名

お手伝いを習慣化するために「もりつけ隊長」「テーブルセット隊長」といったネーミングで子どもたちにそれぞれ役割を与え、楽しくお手伝いをしてもらっています。

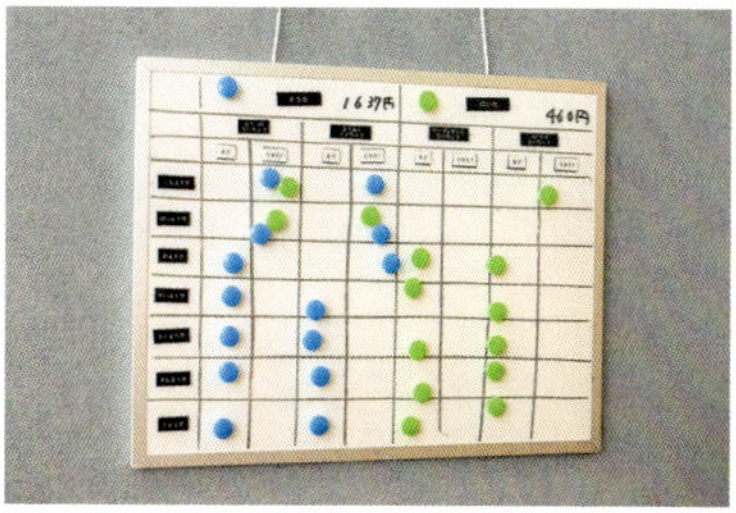

お手伝いができた日はマグネットを「まだ」から「できた！」にずらし、1つできるごとに10円のお小遣いをもらえる仕組みに。毎週末、できた個数をカウントして合計金額に合算して「精算」しています。成果を見えるようにすることで子どものやる気もアップ！

ぜんぶ見せます！

無印良品ファイルボックス活用法

我が家のあらゆる場所で愛用している無印良品ファイルボックス。シンプルで使いやすいと買い集めるうちに、総数はなんと47個に！今回はそのすべてをご紹介します。

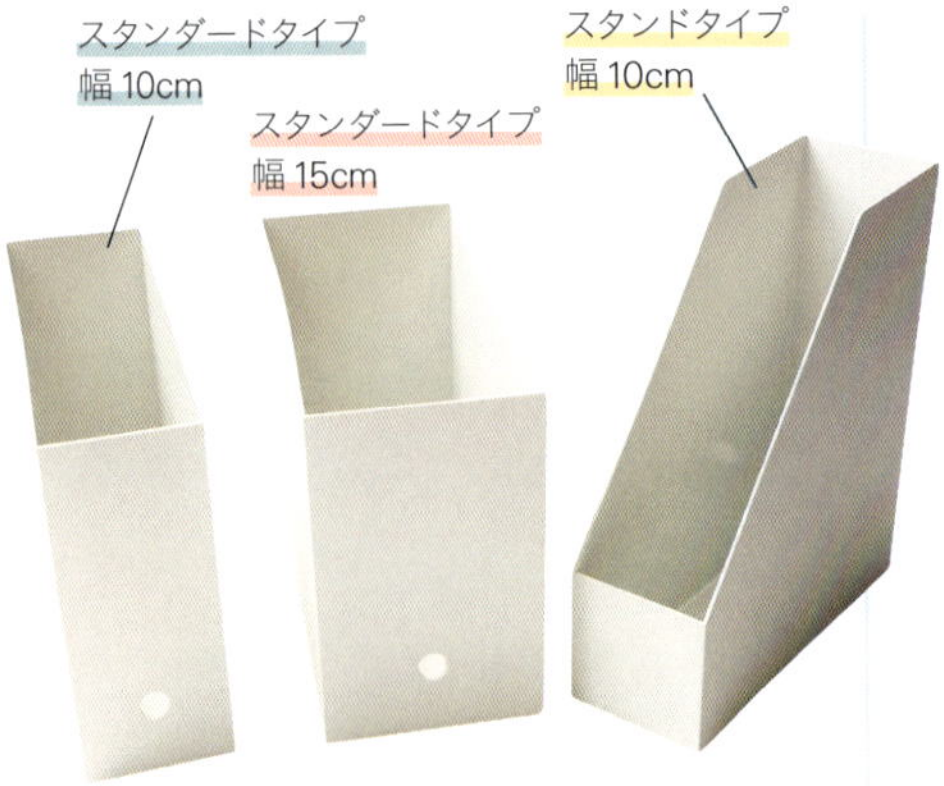

主に使っているのはこの３種のファイルボックス

主に使っているのは横長のスタンダードタイプの幅 10cmと 15cm、そして縦長のスタンドタイプの幅 10cmです。カラーはいずれもホワイトグレーを愛用しています。スッキリした見た目と、長く使える耐久性が魅力です。

ワークスペースの収納

パッと見てわかる書類収納

（スタンダードタイプ・幅 10cmと幅 15cm）

最も使っているのは、ワークスペースの書類収納。黒い縁取りのネームプレートを貼ってラベリングしています。見た目が統一されてよりカッコよく見せられるので気に入っています。中に何が入っているかもパッと見てわかるように、ぴったりファイルボックスが入るようにと、じつは幅違いのボックスを組み合わせています。

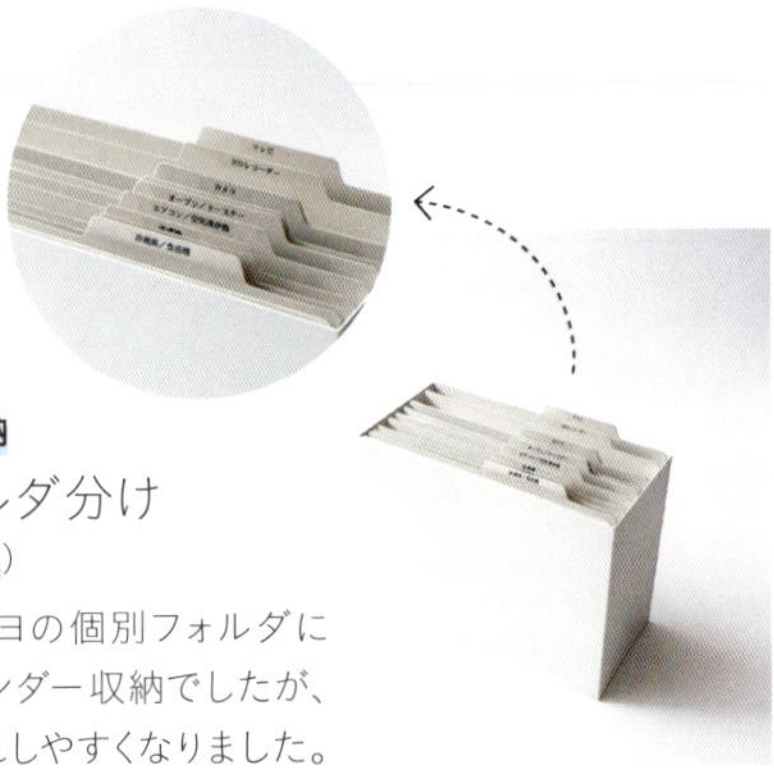

リビングキャビネットの収納

取扱説明書はフォルダ分け

（スタンダードタイプ・幅 15cm）

取扱説明書はさらにコクヨの個別フォルダに入れて収納。以前はバインダー収納でしたが、その時より格段に出し入れしやすくなりました。

Close Up

底にはIKEAのシートで滑り止め＆掃除をラクに

キッチンで使用しているファイルボックスの底の部分には、IKEAのVARIERAシリーズのシートを敷いています。ボックスのサイズに合わせてカットするだけなので簡単。お皿の保護や滑り止めとしての効果を期待しているほか、調味料収納などで底の部分が汚れてしまった場合でもシートを取り出して拭くことができたり、汚れが取れないときはシートごと交換もできたりするのでとても便利です。このシートは食器棚のボウル型の食器収納や、カトラリー収納のケースの底にも敷いて活用中。

パントリー下段の収納

出し入れしやすく、見た目もごちゃつかせない！

土鍋

（スタンダードタイプ・幅15cm）

土鍋やすき焼き鍋も、フタを裏返せばきっちり入ります。買った時の箱は出し入れしづらく、見た目もごちゃつくので入れ替えてスッキリ。

ガスボンベ

（スタンダードタイプ・幅10cm）

カセットコンロ用のガスボンベもファイルボックスに収納。お鍋やカセットコンロに近い場所へ収納し、まとめて取り出しやすく。

カセットコンロ

（スタンドタイプ・幅10cm）

カセットコンロはスタンドタイプに立てて収納。そのままでは横幅が入らないため、五徳部分を裏返して入れています。

お酒類

（スタンダードタイプ・幅10cm）

ワインや焼酎などのお酒ストックも、ボックスに立てて収納すれば、奥のモノもすぐ出し入れできます。大きめのボトルは15cm幅に。

キッチン収納

引き出しの中にボックスをIN！

調味料・お菓子類

（スタンダードタイプ・幅10cm）

食器棚の引き出し下段には、詰め替えきれなかった調味料や、お菓子のストックを入れています。お菓子はここに入る分しか買いません。

プレート

（スタンダードタイプ・幅15cm）

シンク下引き出しには大きめのプレート型食器、お鍋のフタなどを収納。立てる収納にすれば、ワンアクションで取り出せます。

保冷バッグ

（スタンダードタイプ・幅10cm）

形状がバラバラで乱雑になりやすい保冷バッグもスッキリ収納。ボックス1つに入るだけ、と決めれば増えすぎ防止にもなります。

水筒

（スタンダードタイプ・幅10cm）

子どもと自分の水筒も立ててボックスにIN。長男の水筒は高さがあってそのままでは入らなかったため、フタを外して収納しています。

洗面所

中身を“見える化”すれば
買いすぎ防止にも

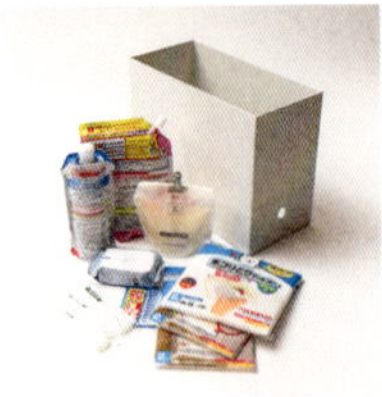

シャンプー・洗剤類
（スタンダードタイプ・幅15cm）

シャンプー類や洗剤のストック、お掃除用のフィルターなどもボックスにまとめて。立てて収納すると中身が見渡しやすくなります。

お掃除グッズ・殺虫剤
（スタンダードタイプ・幅10cm）

見た目がカラフルでごちゃつきがちな漂白剤やお掃除用洗剤、殺虫剤などもファイルボックスにまとめることで目隠ししています。

ボックスティッシュ
（スタンダードタイプ・幅15cm）

ボックスティッシュはスタンダードタイプにぴったり。厚さが薄いスリムタイプのティッシュを選ぶと5個パックが全部入ります。

収納庫

「ここに入る分以上は持たない」
という目安にもなる

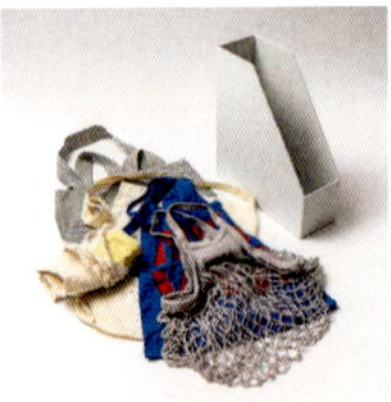

エコバッグ・ネットバッグ
（スタンドタイプ・幅10cm）

増えがちなエコバッグやネットバッグなどのバッグ類はここに入る分以上は持たないように気をつけています。

換気扇フィルター
（スタンダードタイプ・幅10cm）

換気扇フィルターもボックスに立てて収納。収納に困る形状のモノでもすっきり収められ、「どこ行ったっけ？」がなくなります。

梱包セット
（スタンドタイプ・幅10cm）

フリマアプリなどで売ったものを梱包するための封筒やクリアバッグ、透明テープ、ハサミなどは「梱包セット」としてグルーピング。

紙袋ストック
（スタンドタイプ・幅10cm）

紙袋はスタンドタイプに収納。増えがちなアイテムでもあるので、ここに入る分を適正量にして増やしすぎないようにしています。

Close Up

新型のハーフサイズは
ゲーム収納に投入！

最近購入したのは、スタンダードタイプ（幅10cm）の半分の高さの新商品。こちらは子ども部屋での携帯用ゲーム機やソフト、攻略本などの収納に使っています。サイズ感がぴったりなのでおすすめです！

これも使える！

万能！半透明の
無印良品EVAクリアケース

我が家ではEVAクリアケースも大活躍！
リビングキャビネット内で愛用中です。

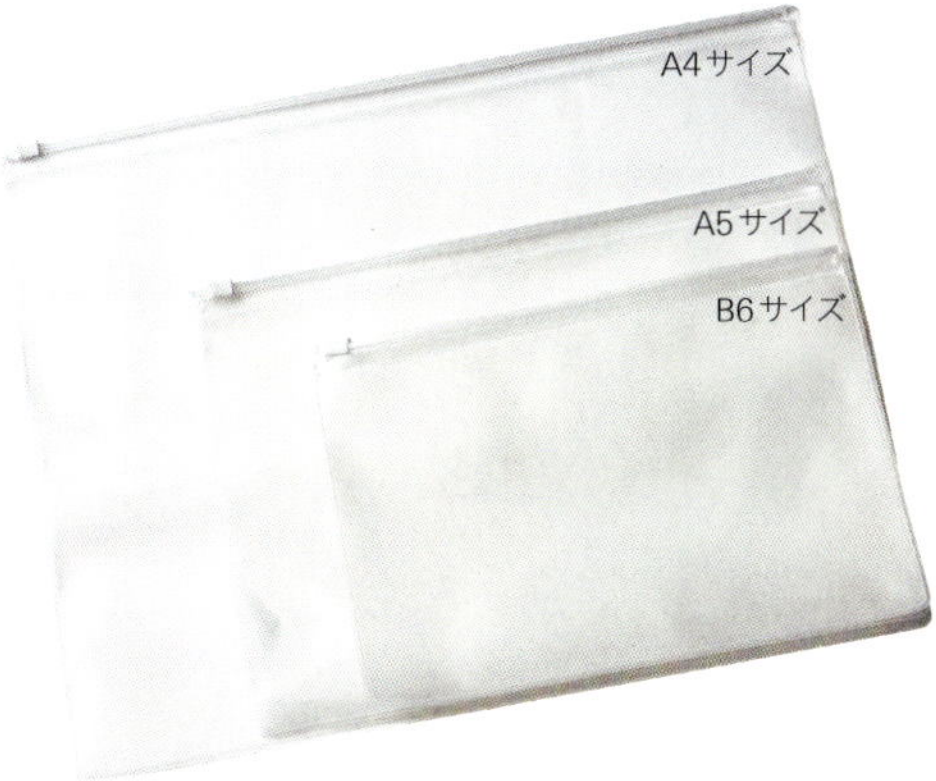

中身が見えすぎず統一感もアップ！

我が家で使っているのはB6、A5、A4の3サイズ。EVAクリアケースは半透明になっているので、中身が見えすぎずに統一感が出せるので気に入っています。カテゴリ別に分けて収納し、ラベリングをして何が入っているかすぐわかる工夫も。

A4サイズのケースを
半分に折ってピッタリ

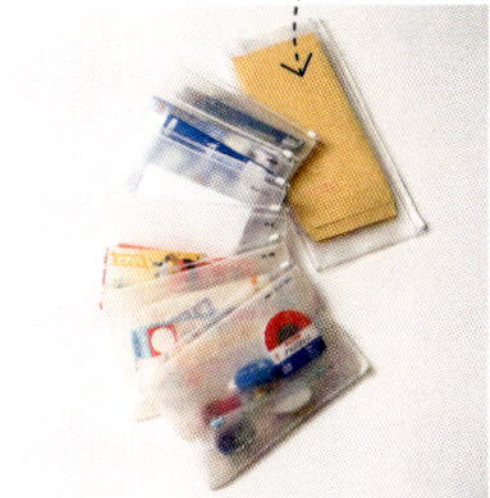

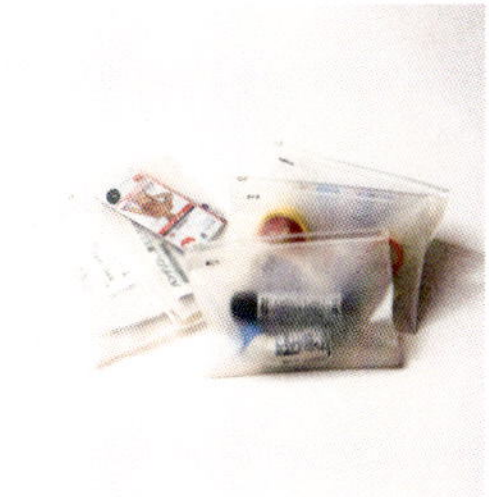

ごちゃつく小物も
スッキリ！

(p.79⑤の引き出しに収納)

引き出しでごちゃごちゃしてしまいがちなのが、イヤホンやメモリカードなどのPC周りの小物。これもA5サイズのケースにまとめて収納。余った収納グッズなどもケースに入れてまとめています。

細かい文具類も
まとめて収納

(p.79①の引き出しに収納)

切手や両面テープなど、細々した文具もカテゴリで分けてEVAケースに収納。大きい茶封筒は、A4サイズのケースを縦半分に折ってテープで留め、高さのない引き出しでも収納できるよう工夫しています。

形状の違う薬類は
箱から出してIN

(p.79②の引き出しに収納)

形状がバラバラで統一感のない薬類は、「虫除け」「貼り薬」などのカテゴリごとに分けてEVAケースに収納し、まとめてダイソーのケースに立てています。形が違ってもスッキリまとめられます。

HOME

理想

子どもが自分で身支度ができる部屋

目標

どこに何があるかが子どもでもわかる収納

実行

子ども服や学用品をオープン収納にする

ワンアクションで出し入れが大事！

我が家はやんちゃな男子2人がいるため、とにかく部屋が散らかります。おもちゃも床一面に広げて出しっぱなしだったり、学習机の上も謎の工作で溢れたり…。さらに2人ともとても甘えん坊なので、ちょっとでも面倒な仕組みだと何でも「ママやって！」とせがまれるので、とても苦労しました。

　子どもがいると常に部屋をきれいに保つのはとても難しいのですが、収納プログラムにのっとり、まずは子どもが「自分でできた！」を増やす収納を目指すことにしました。

　子どもが自分で身支度ができるようにワンアクションでモノの出し入れができるような収納グッズを選んだり、子どもの目線に合わせたモノの配置をしたりすることを強く意識しました。また、子どもたちが元の場所におもちゃなどを戻せなかったら、「どうしたらもっとできるようになるか？」を一緒に考え、子どもたちの意見も参考にして収納を見直すようにしています。

　次に取り組んだのが「子どもがお友達を呼びたくなるようなインテリア」。子ども部屋の壁面ペイントなどのDIYに挑戦し、二段ベッドにはカーテンをつけるなど遊び心のある仕掛けを作っています。

　長男は小学生になってお家にお友達を招くようになり、子ども部屋で楽しそうに遊んでいるのを見ると私も嬉しくなります。

TO DO | 10

自分でできた！を増やす収納

子どもの朝の身支度の時短にもつながる

アクション数を減らし、子どもの目線に合わせる

我が家では、できるだけ子どもの目線に合わせた高さに収納したり、アクション数を減らせるような収納にしています。子ども部屋は5畳しかなく子どもが2人で使うにはやや手狭。デッドスペースも活用しようとDIYにも積極的にトライしました。部屋に入ってすぐのオープン棚は、子どもの取りやすい高さを考えて作ったので、自分で身支度やお片づけができるようになりました。

1 最上段は次男の通園バッグと長男のリュックを置いています。以前はコートハンガーに掛けていましたが、複数掛けるとごちゃっと見えるのでオープン棚に置いて、見せる収納に。

2 アウターはクローゼットに掛けると子どもの手が届かないので、オープン棚中段にカゴを置いて投げ込み収納に。これならハンガー掛けが苦手な男の子でも出し入れ簡単。

3 長男が小学校に上がり、絵の具や鍵盤ハーモニカなどかさばる学用品が急に増えました。そのため、長期休みなどに持ち帰った時に置ける空きスペースも作っています。

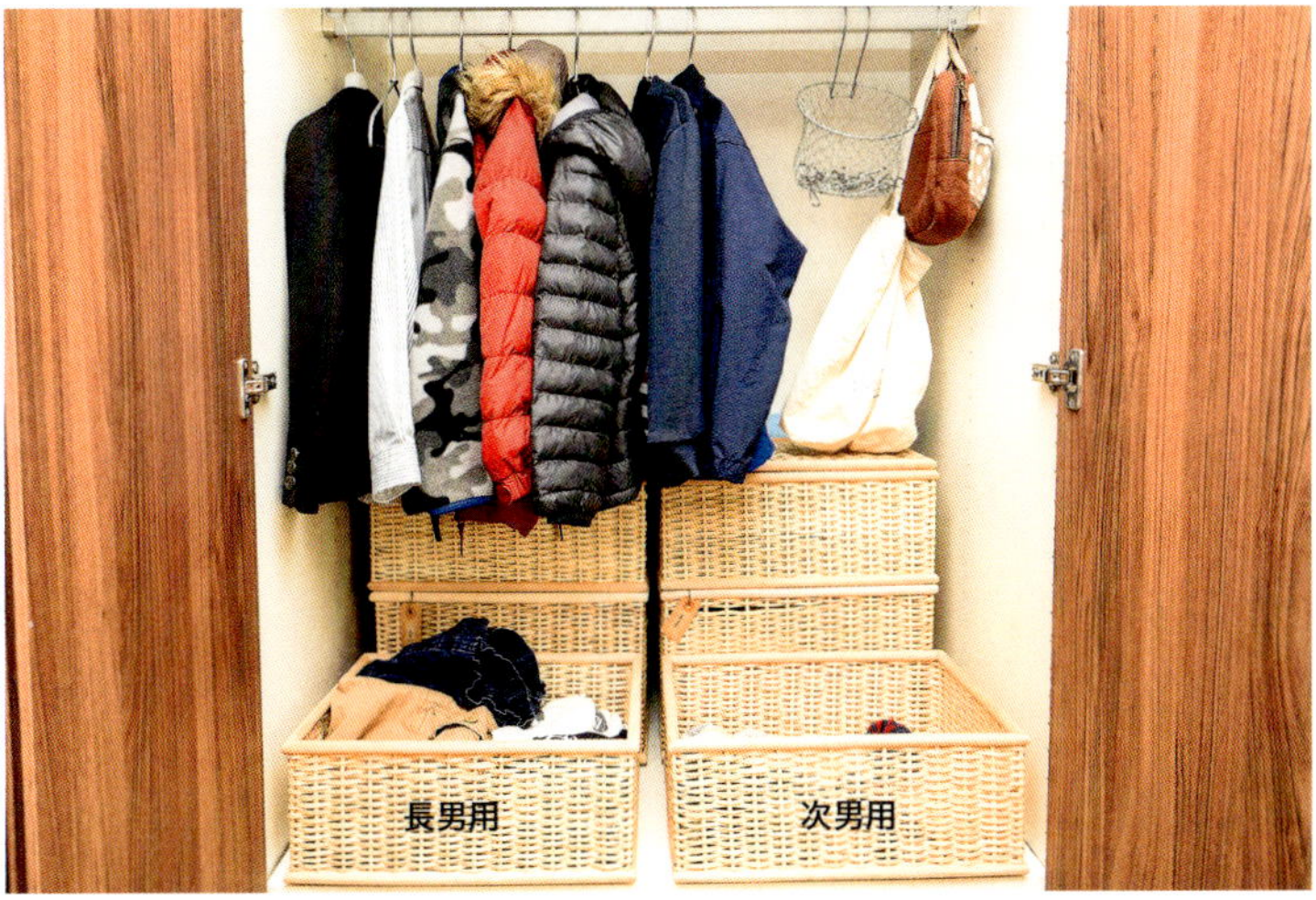

育児ラク収納

お手伝いのしやすい ワンアクションクローゼット

子ども用のクローゼットは、以前は引き出し式の収納用品を入れて使っていました（p.25参照）。ですが、いちいち開け閉めするのが面倒そうだったので、引き出しをやめて無印良品のブリ材バスケットにチェンジ。そうすることで、出す時はもちろん、たたんだ服をしまう時もワンアクションで済むので、進んでお手伝いしてくれるようになりました。

育児ラク収納

自分で明日の準備ができる 毎日の給食セット

長男の小学校では、毎日給食セットとしてナプキン2枚とマスクを持っていきます。普通であればナプキンとマスクを別々に収納するところを、1日分のセットをケースにまとめて収納。子どもでも身支度がしやすいように工夫しています。

育児ラク収納

プリントの散らかり防止に活躍！ “捨てちゃおう”ボックス

以前は学校のプリントなどが机の上に散乱し、散らかり放題でした。それを改善するため、いらないプリントをすぐに捨てられるファイルボックスを置くことに。我が家では古紙として新聞紙と一緒に捨てるため、ゴミ箱ではなくボックスを使って、ゴミの分別をラクにしました。

TO DO｜11

子どもが友達を呼びたくなる空間を作る

カーテンを付け、遊び心をくすぐるベッドに

カーテンを付けた秘密基地風ベッド

子ども部屋の二段ベッドのテーマは「秘密基地」。下段には突っ張り式のカーテンレールを取り付けて、男の子のワクワク心をくすぐる隠れ家的なスペースにしました。長男も、お友達に自慢できるのが嬉しいようです。また、ベッド下もりんご箱にキャスターや取っ手を取り付けてDIYしたボックスを並べ、様々なモノを収納しています。

TO DO｜12

使用頻度の低いアイテムはベッド下に収納

キャスターつきのりんご箱なら取り出しやすい

1. 長男の二軍おもちゃが入っています。特撮ヒーローのベルトや武器などはかさばるものが多いので、サイズの大きいりんご箱だと収納しやすく助かっています。
2. 次男の二軍おもちゃを収納。次男は夫に似て、捨てるのが苦手なタイプなのですが、あまり遊んでいないおもちゃでもここに置いてある！ と思うだけで安心するようです。
3. 二軍の絵本はこちらに収納。絵本は保育園で毎月購入するため増えやすいのですが、一軍と二軍に分けることでワークスペースにある本棚が溢れてしまうのを防ぎます。
4. 使い古したタオルや、いただきものの柄物タオルなどを二軍タオルとして収納。一軍タオルは洗面所に置いていますが、二軍タオルは子どもがキャンプなどで使うためここに置いています。
5. 使用頻度の低いナップザックや手提げ袋、ぞうきんのストックなどの学用品を何でも収納。意外と場所を取るので、予備の収納スペースがあると散らかり防止に役立ちます。

TO DO | 13

勉強がはかどる！学習机をDIY

2人並んで勉強できる
シンプルな長机

Close Up

「どこへやったっけ？」がなくなる子ども専用工作道具入れ

工作が大好きな長男のために、学習机横のレターケースには長男専用のセロテープやハサミ、のりなどの工作セットを常備しています。以前はリビングの引き出しからいちいち持ち出していましたが、子ども専用の文具を持たせることで安心して使えるように。モノがなくなることもありません。他にもカラーペンや鉛筆ストックなどを引き出しごとに収納しています。

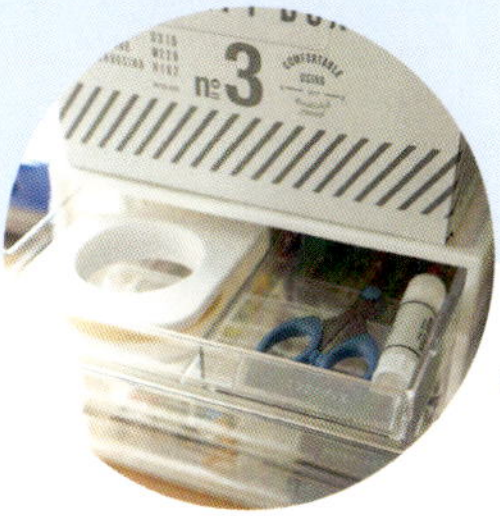

使いづらい既製品よりDIYで快適に

以前は既成品を使っていましたが、狭い部屋に2つ並べるために買った小さいサイズの学習机は長男には使いづらそうでした。そこで思い切って手放し、部屋にぴったりの幅の天板をオーダーしてDIY。その結果広々使えるようになり、以前より圧倒的に学習に向かう機会も増えました。お友達が遊びに来た時も、並んで座って、ゲームなどを楽しんでいます。

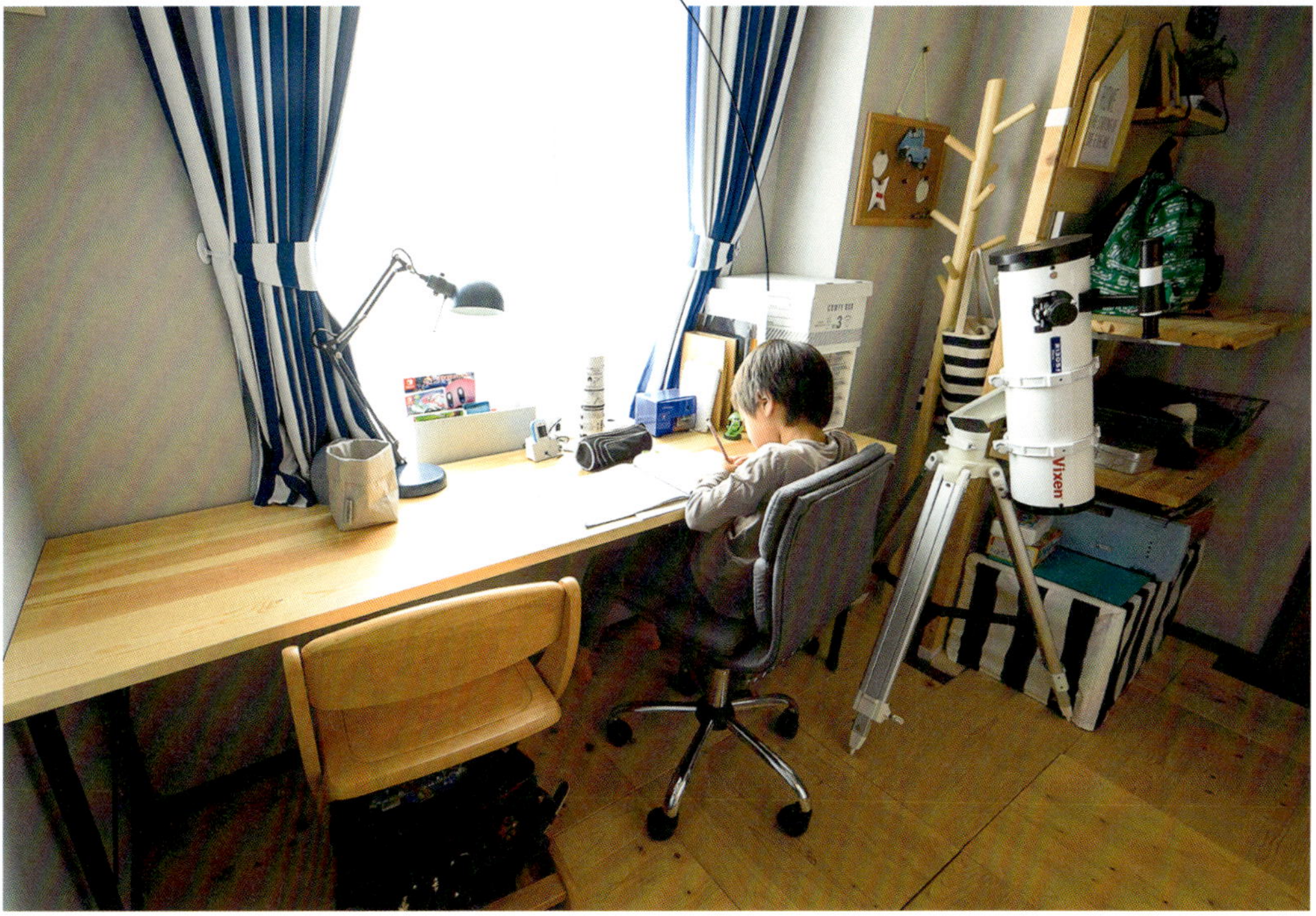

Workspace ワークスペース

理想

仕事がしたくなるワークスペースにしたい

目標

男前デザインのカッコいいPCデスクを設置

実行

PCデスク用の天板・鉄脚を探す

目的を明確にして作った理想の空間

以前、ダイニングでブログを書いていたときは、子どもたちにじゃまされてしまうこともしばしば。「集中して作業ができるスペースが欲しい！」――これがこの場所にワークスペースを作ろうと思ったきっかけです。

どうせならかっこいい仕事場を作りたいと思い、好みのインテリア写真をインターネットで検索してストック。私だけの"好き"を集め、理想のイメージを具現化するためにDIYグッズや家具を揃えていきました。

本棚は夫が一人暮らし時代から使っていた古い物。以前は雑誌などが山積みで気に入っていませんでしたが、無印のファイルボックスで隠す収納にしたところ、すんなり部屋の雰囲気に馴染ませることができました。

また、リビング横にあるこの部屋は子どもたちにとっても遊びやすい場所。プレイスペースも兼ねるため、一軍おもちゃの収納場所を設置しています。子ども部屋におもちゃを収納していた頃よりも出し入れがしやすいようで、子どもがおもちゃで遊ぶ頻度も高くなりました。

リビング横にあり、使い道が中途半端だったこのスペース。汚部屋時代は子ども用の大型滑り台が陣取る雑多な状況（P.30）でしたが、目的を明確にしたことで使いやすく、過ごしやすい場所になったと思っています。

TO DO｜14

私だけの理想の空間をDIYで再現

モチベーションが上がるインテリアに

IKEAワゴンで
すぐ取り出し！
COMFY BOX

好きな世界観をとことん追求

一目惚れした足場板に鉄脚を取り付けてDIYしたPCデスク。大きすぎないよう奥行きにこだわって選びました。また、壁のワイヤーディスプレイも建設用のワイヤーをカットしてペイント。プリントしたモノクロ写真や手持ちのポストカード、LEDライトを飾って作りました。袖机の代わりのIKEAのワゴンにはこの部屋で使うものを収納しています。

Close Up

ぐちゃぐちゃな配線はファイルボックスで隠す

ワークスペースはあまり生活感を出したくなかったため、ごちゃっと見えがちな延長コードやタップはファイルボックスで目隠ししています。IKEAの黒のボックスファイルなら足元に置いてもスタイリッシュに見えます。

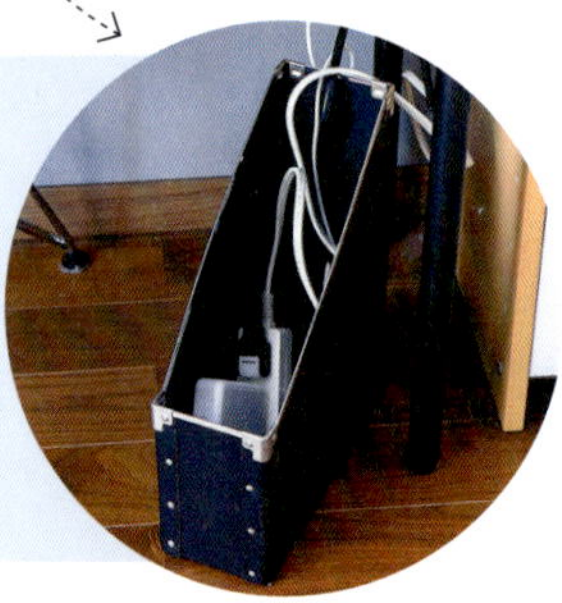

TO DO | 15

遊びやすく片づけやすいおもちゃ収納

ラベリングすれば子どもでも片づけられる

一軍のおもちゃは子どもと相談して厳選

子どもたちがよく遊ぶ「一軍おもちゃ」はリビングに近いこのスペースにまとめています。二軍のおもちゃは子ども部屋のベッド下に移動(p.92参照)し、散らかるおもちゃの量を減らしています。また、カラフルでかさばる大きなおもちゃは、リビングから死角になるドアの裏にまとめているのもスッキリ見せる工夫の一つです。

① ラック上段は長男、中段は次男の収納スペース。OURHOMEの「桐のはこ」に種類別に入れて収納しています。ボックスの上に空間があるので、ポイッと投げ込んで片づけられるのが便利です。

② キャンドゥのフタ付きボックスには、プラレールやレゴなどのこまごましたおもちゃを収納しています。中身がわかるように軟質のカードケースに写真を入れ、ボックスに貼り付けてラベリングしました。

③ スケッチブック、クレヨンなどは「お絵かきセット」としてファイルボックスにまとめています。グルーピングして収納すればボックスごと出してすぐ使えます。

Bed Room

寝室

常にモノの全体量は増やさない

我が家の寝室は、唯一リビングとつながっていない部屋なのでどうしてもモノがたまりやすい場所です。P.18でもご紹介した通り、以前はカオスな物置き状態そのもの。ゆっくり眠れる空間にするために、モノを大量処分した後、無印良品のスタッキングシェルフと引き出しを購入。なるべく雑多に見えないようにするために隠す収納にしました。

また、夫婦ともにネット通販で買い物をすることが多い我が家。届いたモノが寝室の隅に山積みになることが多く、荷物置き場化しやすかったため、一時的に増えたモノを置ける空間を意識的に作っています。

理想

1日の疲れが取れるような落ち着く寝室に

目標

床にモノがあふれないような収納作り

実行

モノの一時置きができるスペースを作る

寝室にある夫婦のクローゼットも「いる」、「いらない」で仕分けて収納。私自身、洋服は好きなのですが、クローゼット自体は特別大きいサイズではないため、着なくなった服はなるべく早く手放すようにしています。手持ちのハンガーの本数が、服のMAXの枚数と考え、常に一軍の服だけがある状態を心がけていることがカオス状態に戻らないための最低限のルールだと思うのです。

TO DO | 16

生活感を隠す一時置き場を設置

増えてしまうのは仕方がない。だから"見せない"

生活感払拭のための寝室インテリア

奥にはストックスペースとしてスチールラックを置いていますが、生活感を隠すため有孔ボードをワイヤーで取り付けています。ライトやフェイクグリーンも飾り、インテリア性もUP。

一時置きに大活躍のストックスペース

有孔ボードの裏にあるストックスペースの一番置きやすい中央を、届いた宅配物の一時置きとして活用しています。その他の棚に季節外の浴衣やリース、予備のハンガーなどをボックスに入れて収納。また、雑多に見えがちな雑貨や使用頻度の低いミシン、収納グッズの予備などもこちらに収納。このスペースがあるだけで、他の部屋のごちゃつきが抑えられます。

TO DO | 17

使いたい時に すぐ取り出せる 収納にする

とりあえず置きがないよう、モノの住所を明確に

本棚の引き出し

本はサイズに合わせて引き出しに収納

本棚は引き出しを活用して、収納するモノのサイズに合わせて空間を有効利用。単行本サイズの本はハーフサイズの引き出しにぴったり。文庫サイズの本やCDなどは1/4サイズに。

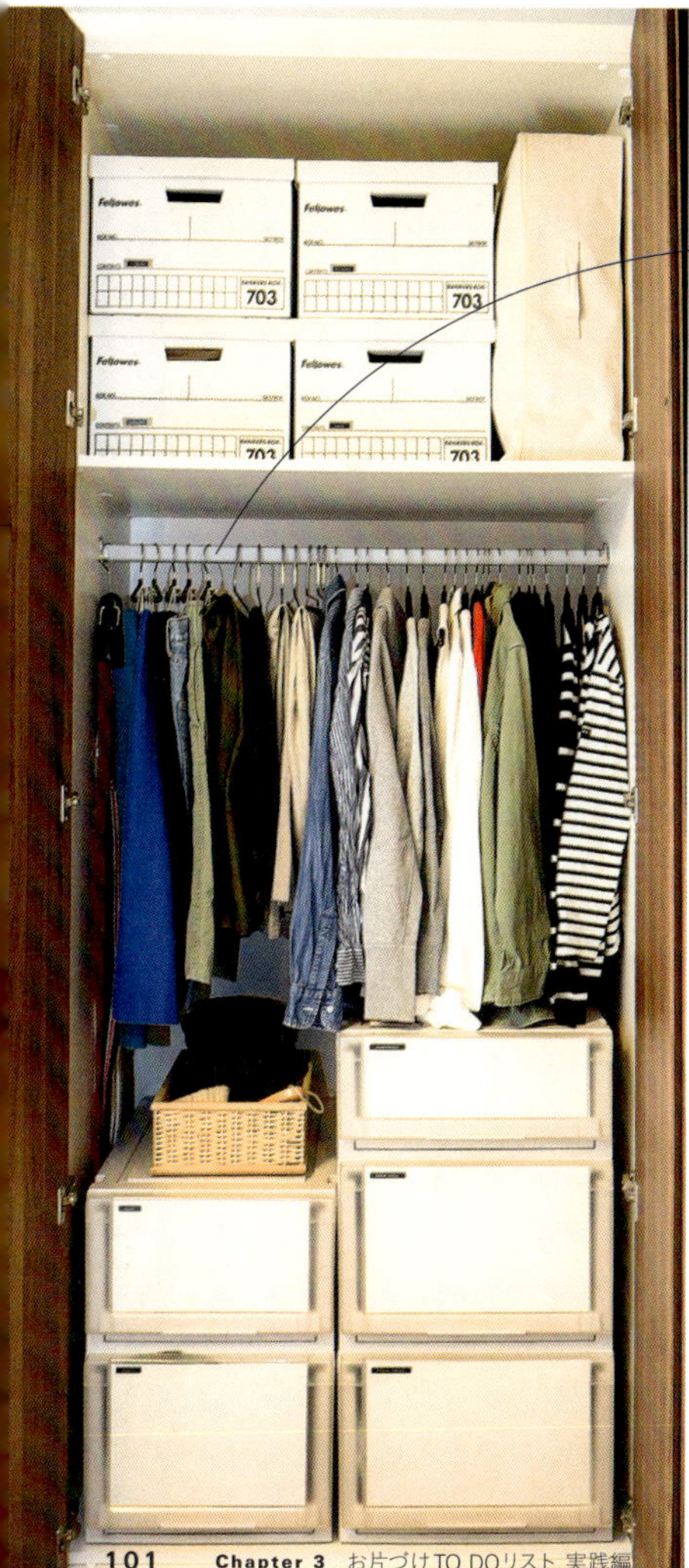

クローゼット収納

ベルトハンガーでワンアクション収納

アウター以外の私の服はここに収納してある分がすべてです。実際の量の割に「服たくさん持ってますね」と言われることが多いのは、一軍に絞っているためだと思います。よく使うベルトはベルトハンガーにかけてワンアクションで取れる収納に。

チェスト収納

100均グッズを活用してごちゃつかせない

チェストの中はキャンドゥのケースを使って細かく仕切り、ごちゃつかないようにしています。また、長さがわかりにくいショートソックスは、セリアのソックスハンガーを使って上から見てもどの長さかわかるように収納。

Storage
収納庫

理想

家族みんなが使いやすい収納庫に

目標

どこに何があるか誰でもわかる状態にする

実行

カテゴリでボックスに分けてラベリングする

使用頻度で高さを変えて収納

我が家の収納庫は、高さも奥行きもある収納力のあるスペース。以前はとにかく詰め込むだけの収納でしたが、高さによって使いやすさが変わってくるところに目を付け、中段によく使うものを、取り出しにくい上段には季節用品などの使用頻度が低いモノを収納するように。下段は防災用品や防災備蓄などの収納スペースにし非常時にもすぐモノが出せるようにしています。また、収納グッズもIKEAや無印良品の収納ケースを使って白に統一。ボックスにはそれぞれブラックのタグをつけて何が入っているかもラベリングしているので、家族の誰でもわかるようにしています。

TO DO | 18

使いにくい奥行きも活かして収納！

前と後ろで分ければ、奥行きも使いやすくなる

収納ボックスで奥と手前の空間を区切る

奥行きのある収納は、手前と奥でちゃんと空間を仕切ってあげることがうまく活用するコツ。我が家では無印良品のソフトボックスやIKEAのSKUBBというボックスを使っていますが、取っ手付きなので奥のモノを出す時もラクです。

TO DO | 19

使用頻度によって収納の高さを決める

高さと頻度で分け、タグを付けて収納する

収納ルールの決め手はテーマ決め＋使用頻度

たくさんのモノが入る収納庫ですが、ごちゃごちゃにしないコツはそれぞれの段ごとにテーマを決めて、さらにそのテーマの中でもボックスごとに入れるモノをグルーピングして収納すること。また、使用頻度によって高さも使い分けます。

① 季節用品

五月人形の兜や換気扇用の交換フィルターなど、たまにしか使わないものを収納。

② 季節外の布団

シーズンオフの毛布や掛け布団をIKEAのケースに入れて収納しています。

③ よく使う日用雑貨

バスマット、紙袋やエコバッグのストック、梱包用品、レジャーシートなどよく使う雑貨を収納。

④ ホットプレート

重たいプレートはこの高さに置くのが出し入れしやすくて便利。

⑤ 防災用品

防災リュックやランタン、寝袋などをボックスにまとめて収納。

⑥ 防災備蓄

備蓄用の水、保存食、ガスボンベのストック、給水リュックなどが入っています。

TO DO | 20

いざという時のために防災の備えをしておく

引き出し収納でごちゃごちゃしない

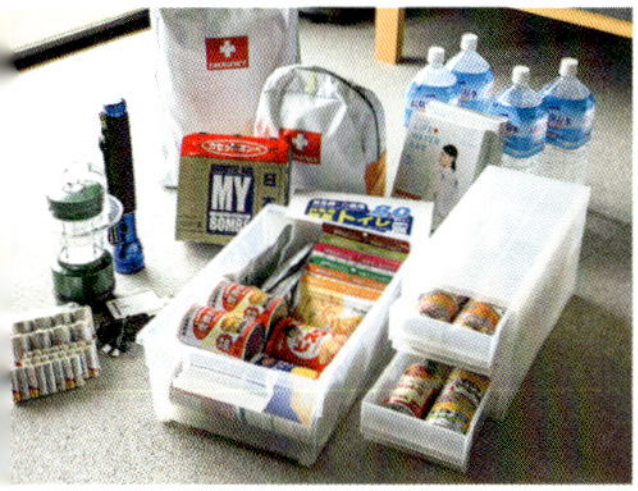

家族を守るための防災備蓄

ワンオペ育児の我が家は、いざという時に自分1人でも子どもたちを守らなければなりません。そのため、保存食や水、ガスボンベなどの防災備蓄に力を入れています。キャンプ好きな夫が元々持っていたランタンや懐中電灯なども防災用にして収納庫に入れています。

Washroom 洗面所

理想

面倒な掃除がやりやすい洗面所

目標

移動せずに洗面台掃除ができる収納

実行

掃除グッズを洗面台や鏡裏にセットする

掃除グッズを取り出す距離はできるだけ短く

洗面所の収納のポイントは、「家事がしやすい」ということに尽きます。

我が家では洗面所で、洗濯やアイロンがけ、水周りの掃除など面倒な家事をたくさんしています。約1畳と少々手狭ではありますが、そのせまい空間を逆に活かし、すべて手の届く範囲に収納するようにしています。

まず、洗面所では使いたいモノがすぐに取り出せるような収納の仕組み作りを意識しました。使わないモノは減らし、収納場所も見直すことで、わざわざ移動せずにこの場だけで家事が完結します。また、家事が苦手な自分のモチベーションアップを図るべく、収納グッズも一新。収納ケースを統一するなど、見た目をすっきり揃えることでテンションも上がります。家事以外でも、毎朝のメイクや身支度をするのもこの場所。以前は、雑然としていた（P.33参照）鏡裏の収納も、毎朝気分が上がるような収納にチェンジしました。

基本的にズボラで面倒くさがりな性格の私。だからこそ、動線をよくして家事をしやすくしたり、見た目からモチベーションをあげたり。自分にとってすごしやすい空間を作るのもお片づけの醍醐味のひとつです。

TO DO | 21

見た目と機能性を両立し、家事がしたくなる収納

使う場所の近くに収納して家事をラクに

掃除ラク収納

“すぐ置き”メラミンスポンジでついで掃除を叶える！

掃除ギライで面倒くさがりの私。気付いた時にサッとお掃除できるように、100均の可愛いガラス瓶にメラミンスポンジを入れて、洗面台のすぐ手に取れるところに置いています。

掃除ラク収納

ゴミ捨てをラクにするゴミ袋収納＋重ねがけ

ゴミ箱の真上の鏡裏に100均のフックと麻紐でゴミ袋を収納し、すぐゴミ袋を取り替えられるようにしています。また、毎回袋を掛けなくてもいいように、3枚くらい重ねがけしておくのもポイントです。

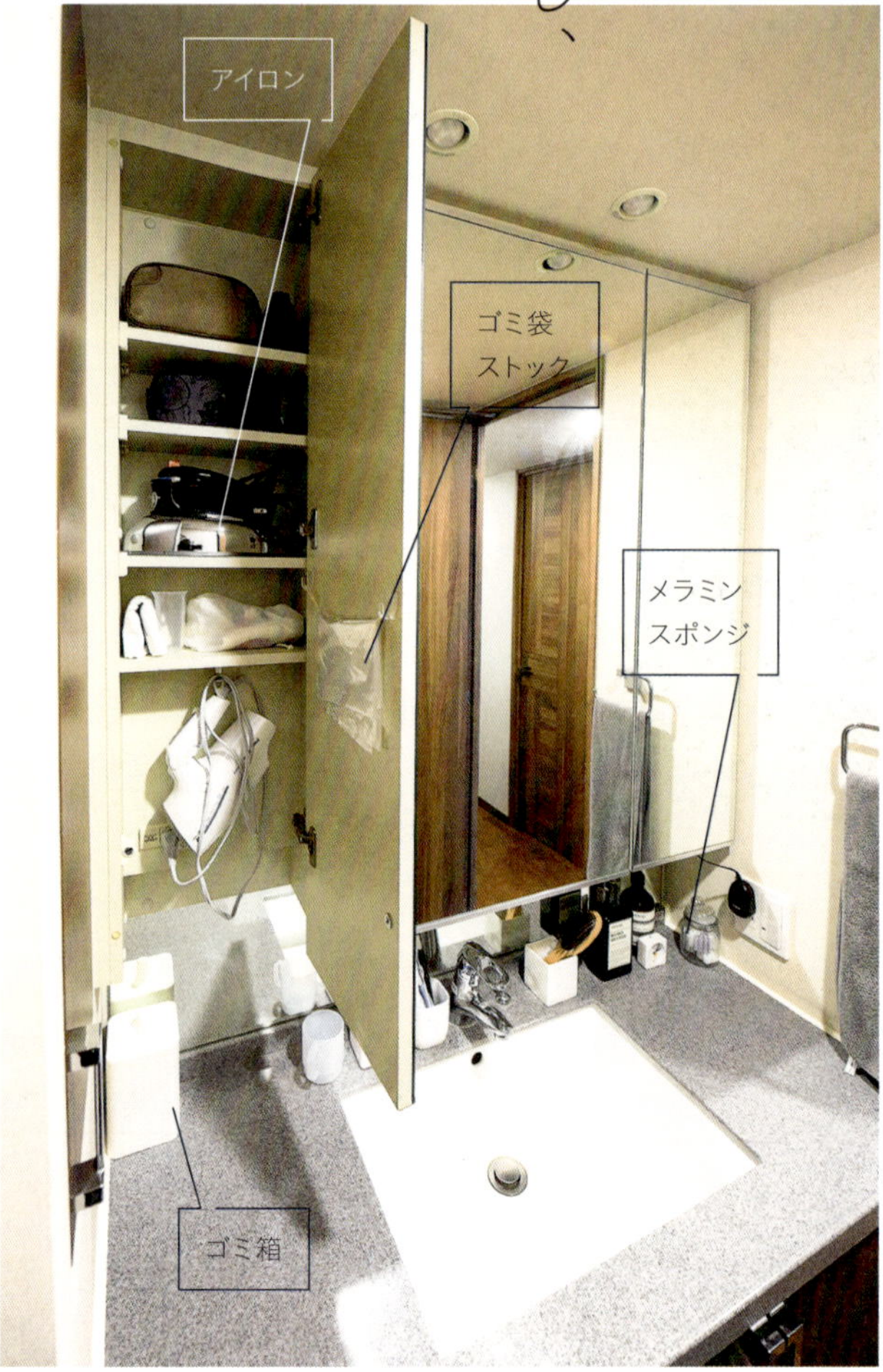

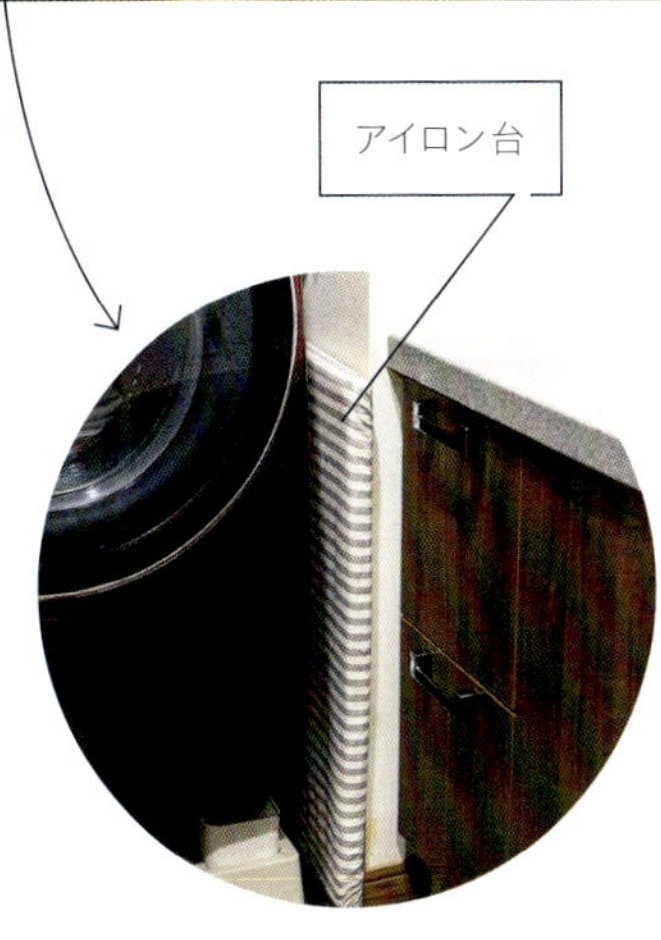

時短収納

アイロンがけグッズも
洗面所に集約させる

我が家では洗濯物はほとんど外干しせず、ドラム式洗濯機で乾燥までかけるか、お風呂で干していることが多いです。そのためアイロンがけは洗面所行います。アイロン台は洗濯機の隣の隙間に立て、アイロンも鏡裏に収納（p.106参照）。こうすることであちこちモノを取りに行かず、少ない移動距離でアイロンがけを完結させることができます。

TO DO | 22

よく使うものは高い場所でも取りやすくする

小さいタオルはカゴ収納がベスト

時短収納

タオルはカゴ活用で出しやすく収納

以前は我が家もフェイスタオルを重ねて収納していましたが、取り出す時になだれを起こしやすく、また高いところに収納すると手が届かないことがネックでした。そのため、現在はカゴを使う収納にチェンジ。こうすると高さのあるリネン庫も奥の空間まで活用しやすく便利です。

① 洗濯が終わったフェイスタオルは奥側にしまう

フェイスタオルはキッチン用と洗面所用でカゴとタオルの色を分けて、用途を明確にして収納しています。洗濯が終わったものはカゴの奥側にしまい、使う時は手前から取るとタオルを循環させて使えます。

② バスタオルはホテル風の重ねる収納に

面が広く畳めるバスタオルは、安定感があるので重ねる収納にしています。手前に輪がくるように畳むとホテルっぽく見えるので、リネン庫を開けた時に気分が上がります。

TO DO | 23

透明な収納グッズをフル活用

グルーピングすれば、すぐに手が伸びるように

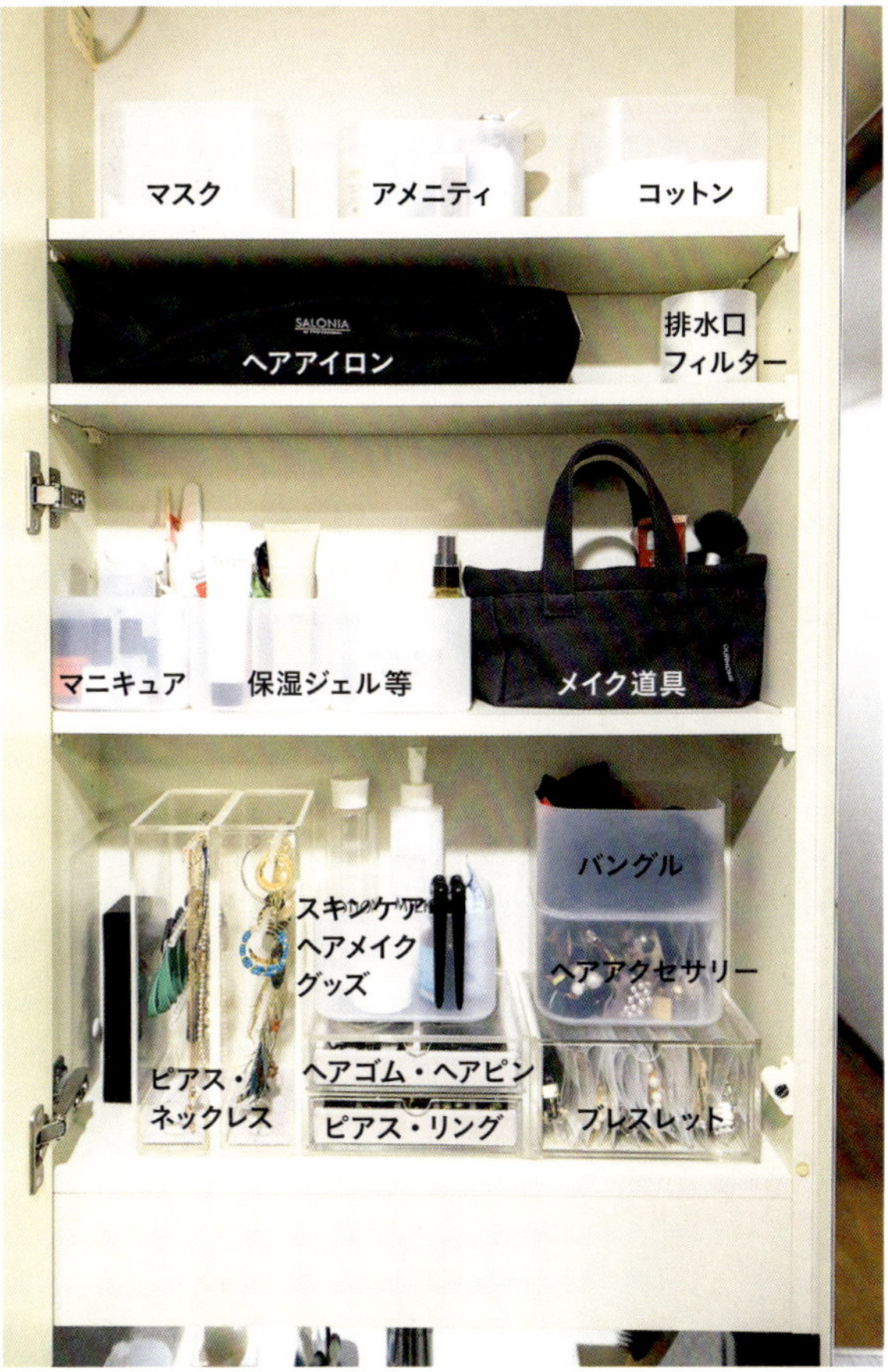

時短収納

毎朝の身支度が楽しくなる！ 鏡裏収納の秘密

鏡裏には自分の身支度グッズを収納。アクセサリーは無印良品のピアススタンドやアクリル収納ケースなどを使って、選びやすく出しやすい収納にしています。スキンケアやヘアメイクグッズはダイソーの収納ケースに入れてグルーピング。メイク道具はそこまでに手持ちが多くないので、小さいメイクポーチにまとめています。

洗面台下は収納用品のテイストを統一

洗面台下収納は無印良品のラタンやステンレスのバスケット、ファイルボックスで生活感を隠し、洗剤もホワイトの容器に詰め替えて家事のモチベーションがあがる空間にしています。

TO DO | 24

掃除のしやすさ重視のトイレを目指す

いつでもキレイを保つために、かさばるものは手放す

① ブラウン系で統一吊り戸棚収納

吊り戸棚はブラウン系のバスケットでスッキリ統一。ボックスの中にはお掃除用の古タオルやトイレ用のフェイスタオル、ディスプレイ用の雑貨のストックなどが入っています。

② 掃除ラク収納

デッドスペースにはお掃除グッズを

パイプの下のデッドスペースも活用。小さい巾着袋を縫って口の部分にワイヤーを入れ、パイプに吊るしています。手洗いボウルのお掃除用のメラミンスポンジを収納し、気づいた時にさっと掃除できるように。これも掃除をラクにする収納の一つです。

以前は、便座カバーやバスマットを使っていましたが、掃除をしやすくするために思い切って処分。また、かつては買ってきたストック品を押し込むだけだった吊り戸棚（P.33参照）も、バスケットを使ってすっきり収納しました。手洗いボウル下に空いていたデッドスペースにも、お掃除グッズを移動。すぐに掃除グッズを取り出せるよう工夫しています。掃除しやすさ重視とはいえ、インテリアも重要。壁には、100均のワイヤーラティスを黒スプレーでペイントしたディスプレイを設置。手持ちのポストカードを飾り、モノトーン調で統一しました。フェイクグリーンなども飾りつつ、おしゃれな空間を意識しています。

Bathroom
お風呂

TO DO | 25

ホワイトで統一した吊るす収納

「水垢地獄」を繰り返さないため、モノはできるだけ少なく

以前、我が家のお風呂の洗い台は子ども用のお風呂おもちゃやシャンプー、フェイスウォッシュなどモノが常に散乱している状態でした。当然モノが多ければ、水垢もつきます。気づけば水垢がびっしりのカオス状態に…。掃除で落とすのが本当に大変でした。

「二度とあの状態に戻りたくない！」——そう思い、今はとにかく汚れをためないことを最優先にしています。色味はホワイトで統一し、必要最低限のお風呂グッズを厳選。「吊るす収納」をフル活用しています。

① 見た目も機能性も備えたディスペンサー

シャンプーやボディソープなどを入れる容器もホワイトで統一。我が家で愛用しているRETTOのディスペンサーボトルは口も広く開くので詰め替えやすさ抜群。大容量なので詰替え用を2パック分まとめて入れてしまうこともできるほどです。このボトルがあると、シャンプー類のストックに場所を取られることもほぼなくなります。

② **掃除ラク収納**

掃除グッズやタライは吊るす収納に

バスタブ掃除用の柄付きスポンジやスクイージー、タライなどはフックで吊るす収納にしています。吊るすと乾きやすいので清潔さも保ちやすくなります。

Close Up

小物も吊るすとお掃除がラクに

メイク落としやトリートメントなどのチューブ型のアイテムもフック付きクリップに吊るして収納。洗い台の上に常にモノがない状態にしています。毎日お風呂から上がる時にスクイージーで水切りをし、水垢をよせつけません。

とりあえず「5分片づけ」でいい

お片づけを苦手に感じている人にとって、最初の一歩ですらハードルが高いと感じてしまうもの。そんな方にオススメなのが、「とりあえず5分だけお片づけ」作戦です。

まずは、**ペンスタンドや小さなボックス1箇所など簡単にできそうな場所を見つけましょう。引き出し1つだけでも構いません。片づける場所を決めたら、スマートフォンなどで5分間のタイマーをかけて、スタートします。**

人間、やる気が出ない状態でじっと待っていても、残念ながら永遠にやる気は起きません。逆に、いざ手を動かし始めると案外頑張れたりするもの。面倒くさくても、とにかくやり始めることが重要なのです。

子育てをしていると、子どもたちがいつまでたっても学校の支度などを始めない時があります。そんな時、私は「じゃあ今から5分測るね！」とタイマーをセット。すると不思議とあれだけダラダラして進まなかった身支度が、5分とかからず終わることもよくあります。制限時間を決めると、人間は「時間内に終わらせなくちゃ！」と自然と動き出すものなのでしょうね。

なかなか片づけがスタートできない方は、まずは簡単な場所から「5分だけお片づけ」作戦！効率のいい、この方法をぜひ一度挑戦してみてくださいね。

Chapter 4

その「片づかない！」にSOS！

整理収納アドバイザー
七尾のお悩み相談室

整理収納アドバイザーとして
活動していると、
さまざまな方の片づけのお悩みを
聞く機会が多いです。
この本でこれまでご紹介してきた
収納方法はあくまで
私の実例の一部。
そこで、Chapter 4では、
私のブログの読者さんから募った
リアルな質問に1つひとつ
お答えしていきます。
少しでもみなさんのお片づけの
ヒントになれば嬉しいです。

収納プログラム

- [ ] 見栄えだけではなく、子どもにとって「使いやすい収納」を考える
- [ ] 増えすぎてしまうモノは必要量を見極め、在庫の適正量を決める
- [ ] 今までの家事の「当たり前」を手放し、どうしたらもっとラクになるかを考える

お悩み 1

ぷにこさん
（38歳・4人家族・広島県在住）

4歳の男の子と2歳の女の子のおもちゃ収納で悩んでいます。

大きな収納にすると「あれがない！」と探せず、小さな収納にしてもバラバラに片づけられ、また「あれがない！」となってしまいます。どうしたらよいのでしょうか？

七尾：こんにちは！　今の収納はどんな感じでしょうか？

ぷにこ：今はこの棚に子ども2人分のおもちゃを収納しています。下の大きいバスケットは、子どもの通信講座の教材を入れています。そのほかのボックスも子どもが最近よく遊んでいるおもちゃを一括りにはしているんですが、基本ざっくりと突っ込んでいるだけですね。遊ぶときはよくガシャーン！とひっくり返されます…。

七尾：**そうですね…。今の収納ボックスはお子さんにとっては深くて中味が見えないと思います。だからガシャーンとひっくり返してしまうことが多いのかもしれません。**

ぷにこ：たしかにそうかも。あと、子ども本人が「片づけた！」と言っても、子どもが出したモノの半分くらいしかしまわれていない状態にもよくなりますね…。

NANAO Research 1

お片づけの悩みについてアンケートを実施しました

実施期間：2018年9月28日〜10月9日（合計回答数54件）

お片づけで
悩んでいる部屋は？

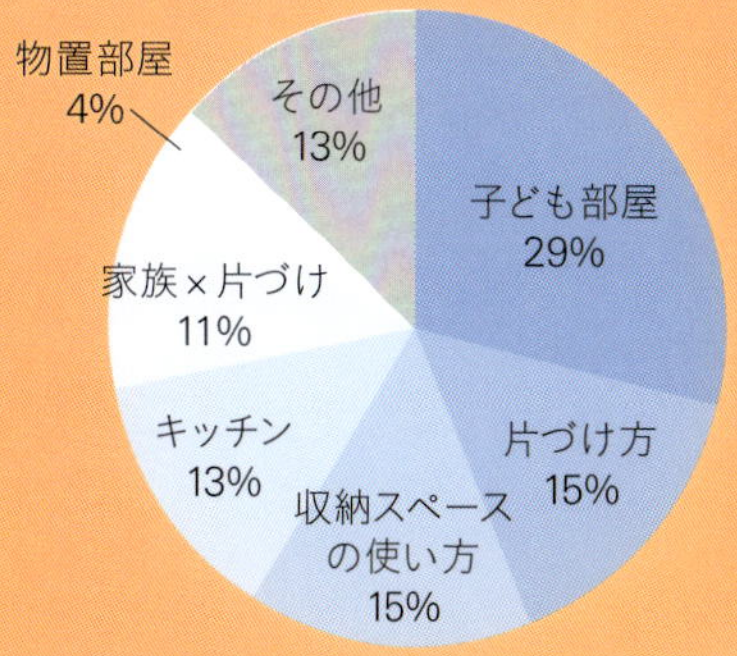

NANAO's Voice

みなさん、たくさんのご回答ありがとうございました！ アンケートのお悩みの内容を分けてみたところ、堂々第1位は子ども部屋のお悩みでした。

七尾：収納ラックもぴったりしすぎて隙間がない状態なので、お子さんが片づけづらい原因になってしまっているかもしれません。浅めの箱の上に余裕を作ってあげれば、ボックスを出さなくても片づけられる仕組みが作れますよ。ちなみにおもちゃはこのラックにある分だけですか？

ぷにこ：メインのおもちゃはここのラックだけですが、隣にほぼ使われていない娘のキッチンセットがあり、2階やリビングなどにもあふれたおもちゃが置かれています。写真のような感じでリビングの隅っこにダンボールのままごちゃっと置いてあったり…。

七尾：なるほど。お子さんが2人いらっしゃることを考えると、ラック1箇所だとスペースが小さめだと思うんですよね。もし、ラック1つにするならおもちゃも一軍だけに絞ってあげましょう。また、キッチンセットを使っていないのなら、別の場所に移し、ここもおもちゃ収納スペースとして広げてあげてもいいと思います。スペースを息子さん用、娘さん用とエリアで分けてあげてもいいですね。

NANAO Research 2

子ども部屋のお悩みで多かったのは？

・子どものおもちゃが片づかない

・子どもの学習スペースを作りたい

NANAO's Voice

おもちゃは使用頻度で収納します。あまり遊んでいないものも、すぐに捨てずに一旦二軍にして様子見を。学用品はリビングに近い場所に可動式ワゴンなどを活用して置くのも◎。

ぷにこ：なるほど～。娘はまだ小さいのであんまりおままごとをする感じじゃないですね。スペース広げてみようかな…。

七尾：**また、ボックス選びのコツは、子どもの背の高さに合わせたり、持ち運びしやすいような取っ手がついていたり、そういった要素も選ぶときのポイントになります！**

ぷにこ：今中段で使っているフタ付きのボックスは取っ手が付いていなかったので、子どもには出しにくかったかもです。

七尾：**あと、同じラックに2人のお子さんのモノをもし置くのであれば、上のほうにはお兄ちゃんのモノを、下のほうに娘さんのモノを置いてみるとか。お子さんの目線に合わせて配置を考えてみてもいいと思います！**

あっ、じつは以前、子どもの目線に合わせてプラレールなどを上の方に置いてみたりしていたのですが、重たく

ぷにこ

て落としてしまったりすることもあって。何を基準に配置を決めたらいいか悩んでいます。

七尾

そうしたら、「どっちに置くのが使いやすい？」ってお子さんに聞いてみるのもいいかもしれません。お子さんも自分で決めた場所なら、お片づけがしやすくなると思います。ママが1人で決めてしまうと、ママのルールでお子さんが動くことになるので、じつはお子さんにとっては使いづらい…ということになったりもしますし。

ぷにこ

あ〜、それが私あんまりできてなかったかもしれません。

七尾

じつはこれ、収納を頑張りたいママの〝あるある〟です。ママ的には見栄えを良くしたいものの、それが結果的に「隠す収納」になり、お子さんが使いづらくなる…。おもちゃはお子さんが使うモノなので、お子さんの使いやすさを最優先に収納方法を考えてあげるといいと思います！

今回のお悩み解決ポイント

1 おもちゃ収納のスペースが限られる場合は、一軍おもちゃに絞る！

2 収納ボックスは、見栄えだけでなくお子さんの出し入れしやすさや持ち運びやすさを考えて選ぶ！

3 ママ1人で決めてしまいすぎずに、お子さんの意見を取り入れながら一緒に使いやすい収納を考える！

収納において「ラク」と「キレイ」を両立するのはなかなか難しいもの。特におもちゃ収納はお子さんにとっての「ラク」を優先することが大事です！　ママの独りよがりにならないように、お子さんと一緒に使いやすい収納を作りましょう♪

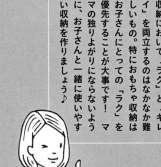

お悩み 2

レジ袋の片づけ方に悩んでいます。

みわさん（38歳・5人家族・福岡県在住）

大きさで「大中小」と分けているのですが、ごちゃごちゃで汚らしく…。キッチン背面の棚に収納していますが、なかなか捨てられず、困っています。

こんにちは！　早速ですが、サイズごとにゴミ袋の使用用途を教えてください。

七尾

はい、大中小のサイズでわけると、こんな感じです。
大サイズ…大きいゴミ箱用（週2～3回。ゴミ回収がある日）
中サイズ…保育園の汚れもの入れ（毎日2袋必要）
小サイズ…生ゴミ捨て用（毎日1袋必要）

みわ

そうすると、それぞれのサイズの必要枚数（＝OUTの量）はこんな感じですかね。
大サイズ…週2～3枚
中サイズ…毎日2袋×平日5日分＝週10枚
小サイズ…毎日1袋×7日分＝週7枚
逆に、袋が入ってくる（＝INの量）ペースも知りたいのですが、ビニール袋は使う量よりも入ってくる量のほうが多いでしょうか？

七尾

買い物に行かないと足りなくなることもありますが、基

NANAO Research 3

キッチンのお悩みで多かったのは？

・冷蔵庫のモノの管理ができない
・観音扉型のコンロ下収納がうまく使えない

NANAO's Voice

食材はカゴを活用して奥の方のモノも取り出しやすくすると死蔵品が減ります。観音扉型収納は、コの字ラックなどを使って空間を区切りましょう。

みわ

本的には使う量よりも入ってくる量のほうが多い気がしますね。入ってくるタイミングはこんな感じです。
大サイズ…週1回の大きな買い出しで2〜3枚もらうレジ袋
中サイズ…週2〜3回ちょっとした買い物で2〜3枚もらうレジ袋
小サイズ…スーパーで生鮮品を買ったときにもらう袋
（足りなくなったら市販のポリ袋を使用）

七尾

みわさんの場合、使う量と入ってくる量がほぼ同じ・若干足りないように思えますが、写真を見る限り在庫量が多そう。一番ストックがありそうな大サイズは、もっとも使う量が少なく、毎週のお買い物でも確実に入ってくるので、もう少し今のストックから減らしてもよいと思います。

みわ

たしかに！　元々ある量が多すぎるのかも。中サイズは枚数を見てみたら2枚しか入っていませんでした。

今回のお悩み解決ポイント

1 袋のサイズごとに“INの量”と“OUTの量”を見極める

2 その上でサイズごとの適正在庫量を決める

3 壁かけフックを使ったカゴ収納にして、スペースを活かす

INとOUTの量から在庫の適正量を決めるのは、紙袋や割り箸など他の増えがちなモノの管理にも応用できます！　増えすぎる場合、最初からもらわないようにするなど〝INの量〟の調節もすると効果的です。

七尾：毎週2〜3枚使用する大サイズは、予備を考えても5〜6枚程度のストックで十分足りると思います！　逆に中サイズも使う量が多いので、ストック数が入る分量でもう少し収納する入れ物を小さくしてもいいかも。

みわ：たしかに。袋に収納すること自体、中身が見えないからあまりよくないのかもしれませんね…。

七尾：この収納スペースの上が空いているのがもったいないので、壁側にフックをつけ、カゴを引っ掛ける収納にしてレジ袋を「見える化」してみては？　このお鍋も立てておいたら調味料がもっと取りやすくなると思いますよ。

みわ：やってみたらお鍋が縦に入りました！

七尾：よかった！　あとは、袋の量を調節して、上のスペースにフックとカゴを取り付ければ万事解決ですね！

お悩み 3

さらまるこさん
（38歳・5人家族・神奈川県在住）

洗濯のタイミング・洗濯物の片づけ方で悩んでいます。

洗い物の量が多く、1日3回洗濯機を回しています。さらに乾いた洗濯物がベッドの上に山のように溜まり、週の半分くらいはそれを寄せて寝る生活…。来春には復職を控えているのでとても不安です。

七尾　お洗濯を1日3回！　それは大変ですね…。まずは、その内訳と洗濯機を回すタイミングを教えてください。

さらまるこ　上の子2人の幼稚園の制服や着替え、一番下の子は0歳児なので、ミルクなどの汚れ物があったり…。洗濯はすべて朝回していて、こんな感じで分けています。
1回目…タオル系
2回目…子ども&私の洋服関係
3回目…夫のスポーツウエア
午前中はいつも洗濯をするだけで終わってしまいます。

七尾　3回とも朝なんですね。ちなみに乾燥機は使用しますか？

さらまるこ　もう夜はご飯を作って子どもに食べさせて、お風呂に入れたらそれ以上何もできず…朝洗濯するしかないのです…。乾燥機は忙しいときだけタオル類にはかけますが、お天気がいいときは基本外に干しています。洗濯回数が多いと乾燥が終わるまで相当時間がかかるので…。

NANAO Research 4

ほかにもこんなお悩みが多かった！

・家族が片づけやすいリビングにしたい

・タオルの収納場所に困っている

・郵便物が整理できない

NANAO's Voice

ほかにも多種多様なお悩みをいただきました。整理収納アドバイザーとして、これからみなさんのお役に立たねばと気が引き締まります。この本の収納プログラムによって少しでも解決されますように。

七尾

さらまるこさんの場合、干すものと乾燥機にかけるものの棲み分け、朝と夜の使い分けがポイントになりますね。お子さんの服を干す手間は大人と変わらないのですが、サイズが小さいので乾燥機にかけると時間かからず乾くと思います。例えば、こんな感じはどうでしょうか？

・夜…子どもの服とタオルを洗ってからシワが気になる服だけ抜き出して干し、残りの服を朝まで乾燥機にかける

・朝…昨晩乾燥機にかけた服とタオルを抜き出して、大人の服を洗って干す

さらまるこ

すごくいいです！　たしかに干すのに時間かかってました。

七尾

この方法だと、干すのは大人の服だけで済みますよね。また、ランドリーバスケットも家族ごとに別々に用意して、洗濯のタイミングで分けるのもオススメ。いちいち服を選別しながら洗濯する手間も省けますよ！

今回のお悩み解決ポイント

1 乾燥機は朝と夜を上手に使い分けて、できるだけ干さずに済むようにする！

2 子どもの服はオープン収納＋投げ込み収納でお子さん自身で身支度や片づけができるように！

3 大人の服はそのまま戻せるようなハンガー収納中心に！

今までの家事の「当たり前」を手放して、どうしたらもっとラクになるかをどんどん追求していきましょう！　また、お子さんのモノの収納はできるだけシンプルにするとお手伝いをしてもらいやすくなりますよ！

さらまるこ：やってみます！　あと、子ども服はどうやって収納すればいいでしょうか。今はこの白いチェストに入れています。

七尾：**お子さんが出し入れすることを考えると、引き出し式のチェストは少しハードルが高いかもしれません。例えば、オープンシェルフに変えて、洋服をボックスに投げ込む収納にするのはいかがでしょう？**

さらまるこ：シェルフならかさばらないし、アレンジ自由ですもんね！

七尾：**朝、乾燥が終わったお子さんたちの洗濯物は、子ども別に小さいカゴなどに分け、自分でシェルフに戻してもらう仕組みを作り、そのままポイポイと入れる「投げ込み収納」でもいいと思います！　逆に大人の服はハンガー干しなので、できるだけ乾いたものをそのまま戻せるような吊るす収納にするとたたむ手間が省けてよいと思います。**

おわりに

「ママ、魔法使いみたいだね！」

これは2年ほど前、私が初めて自宅以外の家の片づけに挑戦した時、その場に居合わせた長男がその部屋の劇的な変わりぶりを見て言ってくれた言葉です。

しかし現実的に考えれば、お片づけに特別な魔法はありません。

それでも、しっかりと理想のイメージや目標を定めて、一つひとつ決めた〝やるべきこと〟を乗り越えた先には、まるで魔法のような素敵な未来が待っている。私はそう思っています。

そして、今お片づけに悩んでいる方にも、そんな未来を目指して諦めずにトライしてみてほしい――そんな想いを込めてこの本を作りました。

「いつかこんな部屋でこんな暮らしがしたい」という理想を実現可能な目標へと転換し実践していく本書の収納プログラムを使えば、どんな間取りのお家に住んでいても、どんな家族構成でも、誰でも必ず今よりも自分の理想に近い部屋を手に入れることができます。
一度身についた自動的に片づく仕組みは、一生あなたの財産になります。

最後に、この本の制作にあたり、一番身近で支えてくれた大切な家族、ワガママをたくさん聞いてくださった編集スタッフの方々、私の人生のチャレンジに背中を押してくれた前職の仲間たち、そして、いつもブログを通して応援してくださっている読者のみなさんに、心から感謝を申し上げたいと思います。

私を支えてくださるみなさんがいたからこそ、この本を作り上げることができました。本当にありがとうございます。

「片づけは人生を変える」
この言葉を、私はこれからの人生で多くの方に伝えていきたいと思っています。

この本がご縁あって手に取ってくださった方の人生を変えるきっかけとなりますように。

七尾亜紀子

七尾亜紀子（ななお あきこ）

LIFE WITH代表。整理収納アドバイザー。
大手IT企業に15年勤務し、コンサルティング営業や営業企画、管理部門などで管理職も経験。一方、子どもの頃から片づけが大の苦手だったが、産休中に汚部屋となった家の片づけに成功したことをきっかけに整理収納の魅力に取りつかれ、多忙の中、整理収納アドバイザー1級の資格を取得。2018年7月に独立・起業する。
夫の単身赴任という超・ワンオペ育児の中でも実践できる、整理収納や時短家事のテクニックを綴ったブログ「ワーキングマザー的整理収納&北欧インテリア」は月間200万PVを突破するほど大人気。現在は「ヒルナンデス！」などのTV番組、雑誌、書籍など多数のメディアへ出演する他、複数のWEBメディアでインテリア・収納記事の連載を持つなど、活躍の場を広げている。

ブログ
https://ameblo.jp/lifewithboys/
インスタグラム
https://www.instagram.com/lifewithboys_ig/
HP
https://www.lifewith770.com/

自動的《じどうてき》に部屋《へや》が片《かた》づく
忙《いそが》しい人《ひと》専用《せんよう》　収納《しゅうのう》プログラム

2018年12月13日　初版発行

著者　七尾《ななお》 亜紀子《あきこ》
発行者　川金 正法
発行　株式会社KADOKAWA
〒102-8177　東京都千代田区富士見2-13-3
Tel. 0570-002-301（ナビダイヤル）
印刷所　大日本印刷株式会社

KADOKAWAカスタマーサポート
[電話] 0570-002-301（土日祝日を除く11時～13時、14時～17時）
[WEB] https://www.kadokawa.co.jp/ （「お問い合わせ」へお進みください）
※製造不良品につきましては上記窓口にて承ります。※記述・収録内容を超えるご質問にはお答えできない場合があります。※サポートは日本国内に限らせていただきます。

定価はカバーに表示してあります。

ISBN 978-4-04-604069-5 C0077